崔莹 著

吴蕴瑞体育思想
WUYUNRUI'S Sports Thought

复旦大學出版社

吴蕴瑞赴美留学期间与友人合影

国立中央大学教育学院体育科第二届毕业摄影（吴蕴瑞，前排左三）

1929年3月，吴蕴瑞（后排左一）与获得首都足球联合会甲组锦标的中央大学足球队合影

1932年,吴蕴瑞(右三)同张学良在北平官邸与即将参加第十届奥运会的刘长春、宋君复等人合影

1934年,吴蕴瑞(左四)在南京参加中华体育协进会董事会议

1948年，吴蕴瑞参加第七届全国运动大会筹备委员会第一次会议合影

1951年，吴蕴瑞参加南京大学师范学院体育系科毕业留影

1932年8月,教育部召开第一次全国体育会议,会议提请吴蕴瑞、袁敦礼及郝更生三人起草《国民体育实施方案》

自1935年起,吴蕴瑞任中华全国体育协进会《体育季刊》主编

华东体育学院校门

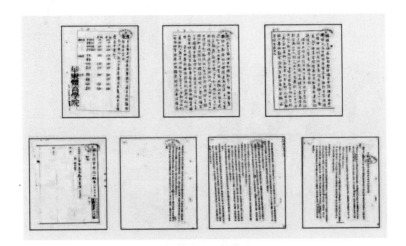

华东体育学院办学方针和基本建设方案

20世纪50年代上海体育学院空中鸟瞰图

上海体育学院校门

师生共同在田径场上开荒

田径场日常训练

吴蕴瑞陪同国家体委领导视察校园

吴蕴瑞陪同教育部领导视察校园

吴蕴瑞带领教授们去农村考察

吴蕴瑞在校庆十周年大会上做报告

吴蕴瑞迎接德国莱比锡体育学院考察团来校参观

吴蕴瑞在讲台前和进修教师讲话

吴蕴瑞原配夫人陈淑贞
（1955年因病卒于上海）

1922年,吴蕴瑞长子吴承砚周岁,与父母、姐姐合影

1928年，吴蕴瑞夫妇与三个孩子在南京

晚年期间的吴蕴瑞与第二任妻子吴青霞生活在上海的居所

吴蕴瑞与吴青霞作画

吴蕴瑞与吴青霞看画

注：以上图片由上海体育大学和吴蕴瑞家属提供。

序一 Preface

上海体育大学的前身是华东体育学院,成立于1952年,吴蕴瑞是首任校长,他对近代中国体育的贡献较大,主张体育科学化、普及化、学术化。他率先提出学习体育不仅仅是学习运动技能,更重要的是认识到体育对人的全面发展的价值,坚持身心一元论,将身心视为一体,以体育人,以体育心。

上海体育大学作为新中国最早创建的体育高等学府,是首批获得博士、硕士学位授予权的体育高等院校,也是入选首批国家"双一流"建设高校和上海市高水平地方高校建设序列的高等院校。一所高水平体育大学的建设成效就要体现在为健康中国和体育强国服务的实效中,让体育更好地服务于人民对美好生活的向往。

如今,中国特色社会主义进入新时代,以"大健康"为主导建设新型公共健康体系,通过运动干预实现健康关口前移,探索"以治病为中心"向"以健康为中心"的转变,成为"健康中国"国家战略的重要组成内容。践行这一切都离不开对高层次人才的迫切需求,离不开高质量的体育教育事业,急需建立世界一流水平的人才培养体系。

体育是人类社会演进中的以身体教育为特征的一种行为，但对于这种行为的认识和推进，需要生命科学和数理科学的支撑。目前，体育学作为一级学科归属于教育学门类，若从体育是教育的重要组成部分来看，这样的学科设置是可行的。但从学科发展的实际和趋势来看，国际层面和国内层面均显现出清晰的体育学科科学化发展的趋势，即体育领域学科从原先侧重学校体育教育和运动技能训练，转变为侧重体育学与生物学、医学、物理学、化学、教育学、心理学、信息科学、城乡规划学、管理科学与工程技术等学科交叉渗透融合。这一趋势需要在学术研究、学科建设和研究生人才培养方面保持长足发展。

以奥运会为代表的竞技体育赛事是各国展示综合实力和文化自信的舞台，中国的"双奥"之路进一步见证了我国竞技体育备战奥运时对国际化和科技助力奥运的依赖。面对国际体育领域学术研究范式的根本性转变，以及5G通信、大数据、人工智能、生物工程、云计算、元宇宙等与体育日益紧密的交叉融合，如果坚持传统的学科设置模式，在研究方法、知识谱系、培养体系等方面难以取得根本性突破，更难以达成世界一流体育学科的建设目标。这与我国经济大国、体育大国的地位，以及体育强国建设的目标是不相称的。因此，需要立足交叉融合创新，服务健康中国建设。

上海体育大学的开创者们自建校以来，一直秉持体育科学化、学术化、普及化的办学理念，保持体育的国际化交流与合作，不断建设和壮大体育师资队伍，夯实了新中国体育发展的基础，为国家培养了大量的体育人才。从1989年开始，上海体育大学率先开启服务"健康中国"之路。通过学科交叉融合创新，已建立中国特色的运动促进健康学科专业群。在实现知识谱系更新"从0到1"的跨越基础上,通过课程教学培养创新、高水平师资队伍建设、重大平台和重要项目科教融合等,上海体育大学建立了基于体育特色的高层次运动健康人才培养模式。

同时,学校创办了中国大陆地区第一本运动健康科学英文学术期刊——*Journal of Sport and Health Science*,以此为平台凝聚世界高水平专业的师资,以体育人为主线,以立德树人为根本,运动健康科学教师团队获评全国首批高校黄大年式教师团队。以有组织的科研带动人才培养,发挥重大平台和重要项目科教融合。上海体育大学目前拥有运动健身科技省部共建教育部重点实验室、运动认知评定与调控国家体育总局重点实验室、人类运动能力开发与保障上海市重点实验室等重大平台,通过重大平台和项目为纽带,持续提升人才质量。2016年至今,学校获批4项国家(教育部)社会科学基金重大项目资助,实现体育类高校国家自然科学基金重点项目"零的突破",主持3项"科技冬奥""主动健康"国家科技部重点研发专项。研究生发表的高被引论文,助力学校成为唯一一所进入临床医学ESI前1%的体育类院校;研究生参与的科创成果,助力10余支国家队在北京冬奥会上取得4金2银的历史性突破。

2022年,我校与世界500强金融企业中国太平洋保险签约共建运动健康促进现代产业学院,培育体育金融业方向的专业人才。通过校企深度合作,探索"运动+健康+保险"协同合作模式,创新产教融合协同育人体系、新型公共健康人才培养体系和社会服务体系,更好地满足市民群众对健康生活、幸福生活的向往。同时,响应国家"乡村振兴"战略,我校融合公共健康、红色文化、产业扶贫的创新创业项目"'红色筑梦'三项赛",在第五届全国"互联网+"大赛中荣获全国体育类高校首个金奖和全国唯一的"乡村振兴奖",创新了精准扶贫的新模式。

总之,体育是促进体魄强健、激励奋进精神、推动文化发展、铸就运动健康的稳固屏障。理解了这样的价值,就能更好地理解体育,理解体育在体育强国、健康中国、教育强国中担负的使命。以中国式现代化全面推进中华民族伟大复兴,关键是培养造就德、智、体、美、劳全面发展的人。国之大者、兴体报国,这是新时代发展的宏大主题,始终与体育教育事业紧密相连。《吴蕴瑞体育思想》一书,以通俗的方式呈现其生平及体育思想,希望读者通过阅读此书认识吴蕴瑞并广传其体育观念,知悉中国近代体育史,给更多人以启发。

上海体育大学前任校长、教授、博士生导师

2022 年 11 月 1 日于上海

序二 Preface

吴蕴瑞先生是中国体育理论研究的奠基人,是中国近现代体育教育事业的开拓者,也是新中国第一所体育高等学府——上海体育大学(原上海体育学院)的首任校长。2018年,上海市社会科学界联合会选出68位"上海社科大师",吴蕴瑞入选其中。吴蕴瑞先生自20世纪20年代开始投身于中国体育事业,在那个风雨飘摇的年代,他通过培养学生、著书立说,广泛系统地传播自然体育思想,并率先提出"体育学术化"的主张。他强调体育的科学教育和学术研究,呼吁"科学家应与体育家携手,以解决体育上的一切疑难问题"。

吴蕴瑞先生在解剖学、生理学、生物学、心理学、社会学等学科基础上进行体育学术研究,先后撰写了《运动学》《田径运动》《体育建筑与设备》《体育教学法》等体育学科著作,并合作出版了《体育原理》。1990年出版的《中华体育之最》称:"《运动学》不仅在当时体育落后的中国被视为首创,亦远远超过同期国外其他运动学著作。"这些著作将科学的视野带入当时重实践轻理论的体育界,对推进中国近现代体育系统理论的建立和体育科学化研究的进程具有深刻的影响。

吴蕴瑞先生以科学的视角打开体育大门，不仅在于他撰写了多部体育研究著作，更在于他将体育视作一种特别的教育手段，他主张"体育的本质目的在于教育人""体育是教育和文化的一种形式和方法，是教育不可或缺的环节"等；他还强调把体育教学的价值取向定位于学生的发展之上，为中国体育教育的发展昭示了方向；他引入的自然体育思想逐渐为国人所认识和接受，并逐渐得到推广，扭转了当时军国民体育思想主导体育教育的状况。

在长期的体育高等教育研究和实践中，吴蕴瑞先生将现代化科学理论和中国传统文化、哲学思想相结合，逐渐形成了以身心一元论为核心的体育思想体系。他强调身体的健全与精神的完善需统为一体，应把强化体质与保持健康融于教育之中，在培养人的过程中增强体质、提高健康水平，这些观点有力地阐释了体育与身心发展的辩证关系，以及体育在社会发展中的重要意义。吴蕴瑞先生还积极倡导体育的大众化和普及化，提出了学校体育和全民体育的理念。他曾说："一社会之中，若人民全体均在自由平等之地位，则其社会中体育之色彩，完全将由社会进化之程度而转移。"这些思想在历史发展的进程中彰显出历久弥新的价值内涵，是推进新时代体育理论与实践创新的宝贵精神资源。

纪念历史最好的方式，就是用奋斗创造新的历史。学校70多年来的发展历程，也是上体人的奋斗史。上体人用拼搏奋进、兴体报国的实际行动追逐梦想、不懈耕耘。从1952年梵皇渡的树人堂起步，到如今清源环路绿瓦校园的大树参天，一代又一代上体人砥砺前行、初心不改，用时代呼唤的创造与实践传承吴蕴瑞先生的体育思想。

2023年,是学校发展历史上不平凡的一年。上海体育学院更名为上海体育大学,奏响了新时代腾飞的强劲音符。在这个值得铭记的重要时间节点,《吴蕴瑞体育思想》的出版恰逢其时,既表达了新一代学人对吴蕴瑞先生的崇敬,又让每一个上体人感恩学校70多年的风雨兼程,铭记创校时的憧憬与理想。吴蕴瑞先生曾对上海体育大学的学生们说:"君等一生事业之成功与否,首视学生时代之是否讲体育。吾人理想,不必望我国出特殊之选手,足以超过万国运动大会之成绩,而甚望全体青年皆重体育,爱运动……使我国男女学生皆然,不数年而为强健之国民矣。"这样的教诲值得每一个投身教育强国和体育强国建设的有志者回味和思考。

今日之上海体育大学,更应秉承"身心一统,兼蓄竞攀"之校训,秉持创新与务实之精神,绍续先贤魂脉,肩负时代重任,以薪传之学术和竞攀之气度,向未来之势,耀民族之光!

上海体育大学现任校长、教授、博士生导师

2023年8月1日于上海

前言 Foreword

　　思想的形成源于人们在社会实践中的不断思辨，从而获得对客观事物的理性认知，进而形成一种既定的观念。这一观念可以对他人意识构成影响，也可以是一种智慧，启迪后人，理思路，明心性。

　　吴蕴瑞作为近代体育思想的集大成者，是我国体育教育的开拓者、中国现代体育科学理论的奠基人之一。他在传统与现代、东方与西方体育思想的碰撞与融合中，形成了独特的思想体系，为推动中国近代学校体育和社会体育的发展作出了巨大贡献。吴蕴瑞对中国近代体育的贡献可以概括为四个方面：其一，坚持"身心一元论"，将身心视为一体，全面发挥体育的育人功能，提升了学校体育的地位和价值；其二，主张体育科学化、学术化，将体育学术研究建立在生理学、解剖学、生物学、心理学和社会学等学科的基础上，并开创了中国现代运动生物力学研究的先河；其三，坚持"土洋体育"融合互用，正视西方体育在中国的本土化问题，指明了中国体育整体化健康发展的方向；其四，倡导体育普及化，发挥学校教育与社会教育并举，加强国民体育普及，实现了由学者思想到国家体育政策质的转变。

吴蕴瑞体育思想研究的确可视作社会科学领域的一个经典论题，相关的研究肇始于1982年，以2008年为一个研究高峰的节点，学界同仁掀起了一股吴蕴瑞体育思想研究热潮。至2008年以后进入一个研究平缓期，学界聚焦的研究论题主要有以下六方面：其一，关于吴蕴瑞"身心一元论"的思想探讨；其二，吴蕴瑞融合自然体育思想和实用主义的思想；其三，吴蕴瑞坚持体育科学化和学术化的主张；其四，吴蕴瑞参与"土洋体育"之争论辩；其五，吴蕴瑞体育普及思想；其六，吴蕴瑞对于体育目的的阐明等方面的论题研讨。为此，一些知名学者纷纷撰文，相关的研究成果丰富起来。还有一些专家著书立说，较为系统全面地对吴蕴瑞的著作进行总结。但是，思想的形成是过程性的，对吴蕴瑞体育思想的研究需要融入其生活的社会背景之中，融入其人生的不同阶段。学界同仁虽已有相关著述出版刊发，但是目前对吴蕴瑞体育思想形成的过程分阶段性地进行探讨的研究尚不多见。同时，客观解析西学东渐之风，结合西方近代体育在中国本土化的发展历程，深刻评价吴蕴瑞体育教育实践的研究尚不系统。这个经典论题，其中还潜藏着陈年"新问题"。

因此，要想真正了解吴蕴瑞的体育思想，从吴蕴瑞所生活的时代图景以及从他体育思想形成的阶段性角度去探究十分必要。笔者基于从本体论、认识论到方法论，再到选择社会科学领域质性研究中的经典扎根理论为研究路径，通过阅读大量的史料文献和梳理有价值的经验资料，实地采访吴蕴瑞的后人及研究吴蕴瑞体育思想的学者，收集一手数据，进行系统的编码和分析，用一种开放的思维程序形成新的观念，从而构成了对本书研究的逻辑思考。

本书共分为六章。第一章是对吴蕴瑞所在的吴氏家族溯源的历史考证,以及阐述吴蕴瑞为什么以体育作为安身立命之本,并在日后著书立说,成为中国近代体育思想的集大成者。第二章从探寻近代体育西学东渐的传播途径问题着手,阐述基督教青年会作为西学东渐的主要传播途径之一,对近代中国体育事业发展、体育专才培养和学校体育教育变革的影响和作用,并间接地激发中国民众的"民族自决",呼吁收回体育主权,建立自己的体育组织,开始自主办赛。同时,深刻解读了吴蕴瑞在此期间从思想启蒙、意识觉醒、自我成长和发挥才干的历程。第三章阐述吴蕴瑞赴美留学,接触自然体育学派,虽是借他山之石,但吴蕴瑞以辩证的视角看待自然体育具有的积极影响和消极影响,并结合古今中外的历史背景和中国的特殊国情,形成自身的体育观念。同时,就近代体育的起源和流派、近代体育在中国本土化的嬗变以及"土洋体育"之争的始末问题分别展开讨论,考辨吴蕴瑞在此时期积极参与的体育研究实践和体育观念表达。第四章从体育思想形成的阶段性角度解读吴蕴瑞体育观念形成的启蒙期、融合期、成熟期和影响期,以更清晰地了解吴蕴瑞本人及其体育思想的精华。同时,结合吴蕴瑞此时期参与的体育活动实践,评述旧中国体育运动开展成效与体育专家美好理想之间的差异。第五章从史实的角度考证吴蕴瑞在抗战的疾风骤雨中依然从事体育教育事业,执教于国立中央大学、东北大学、北平师范大学时期的真实境遇,以及阐述吴蕴瑞在国立中央大学被迫西迁陪都和战后东还复原过程中对中国体育文脉保护所付诸的行动。第六章以写实的手法阐述吴蕴瑞作为新中国第一位体育高等学府的首任校长,白手起家建校的历程。同时,感叹今天的体育人接续前人的脚步,用行动回答百年前提出的"奥运三问",激励越来越多的人奔赴体育强国建设的新征途。

本书的附录部分添加了后人追忆、桃李芬芳和后人访谈等内容。为此,笔者投入大量的精力前往北京、上海、江阴、安徽等地,对吴蕴瑞后人进行采访,记述和撰写第一手资料,以此作为本书内容的史料补充,以便后续研究者予以参考。当然,现阶段笔者的学术视野和认知水平还有待提升,此书若有不当之处,尚祈方家和读者批评指正。

最后,感谢学术前辈贡献的丰富史料、著述和期刊,这些宝贵的经验资料作为知识的载体,能够保存、传播和发扬,让后人得以领略学术前辈们的精神境界和智慧高度,给予了更多创新的源泉。

崔 莹

2022 年 10 月 29 日于上海

目录 Contents

第1章 溯本寻源：从"吴"字说起 ·············· 1
一、三让高踪 ···························· 1
二、生生不息 ···························· 4
三、继往开来 ···························· 6

第2章 志美行厉：一位青年的热望 ·············· 17
一、近代体育的西学东渐 ···················· 17
二、初识麦克乐先生 ························ 25
三、收回体育主权 ·························· 30
四、中国有了自己的体育组织 ················ 36

第3章 文化论衡：借他山之石 ·················· 41
一、官费赴美留学 ·························· 41
二、接触自然体育学派 ······················ 47
三、"土洋体育之争" ······················· 55

第4章 体育师表：精神儒者　行动强者 ········ 73
一、广结善缘：遇莫逆之交 ·················· 73

二、精神儒者：吴蕴瑞体育思想的形成 …………… 83
三、行动强者：吴蕴瑞与运动会的发展 …………… 111

第 5 章　铤而走险：身处疾风骤雨中 …………… 122
　一、东北大学"九一八"之夜 …………………… 122
　二、国立中央大学被迫西迁 …………………… 130
　三、黎明前的黑暗 ………………………………… 136

第 6 章　寸阴若岁：体育强国　睡狮方醒 …………… 144
　一、奉命创建新中国体育高等学府 ……………… 144
　二、前赴后继执炬者 ……………………………… 148
　三、遥望未来 ……………………………………… 157

附录 1　麟若小传 …………………………………… 160
附录 2　后人追忆 …………………………………… 161
附录 3　桃李芬芳 …………………………………… 167
附录 4　后人访谈 …………………………………… 185
附录 5　吴蕴瑞发表的文章略表 …………………… 203

参考文献 ……………………………………………… 211
后记 …………………………………………………… 223

第1章
溯本寻源：从"吴"字说起

一、三让高踪

在我国最早的象形文字——甲骨文中，"吴"字虽有多种写法，但有一个写法是歪着脑袋的象形文字，看上去像是奔跑狩猎的人，这些人被认为是"吴人"的先祖。随着生存环境的变化，原始社会中的"吴人"为觅食生存不断南迁，因为和水多有接触，使"吴"字有了新的含义。于是，"吴""鱼"二字渐渐相通，"勾吴"也可说成"弓鱼"。西周以前，"吴"和"虞"不分，两个字可以通用，"吴人"即"虞人"，"虞人"也就是"吴人"。正如《集韵》中说："吴与虞即鱼也，究其源，均像鱼，从鱼也。"[①]此为"吴"字的源起。

参天之木，必有其根；环山之水，必有其源；人之有祖，理亦是焉。吴氏，源远流长，源于姬氏，为黄帝轩辕氏的直系苗裔。黄帝二十五世孙、陕西岐山的周部族首领古公亶父，为避免受西

---

① 《中华吴氏大统宗谱》编纂委员会：《中华吴氏大统宗谱(卷二)·源流》，上海远东出版社2004年版，第1页。

北薰育戎狄部落的侵扰，从世居"三百余岁"的豳地迁岐，改游牧习俗，定居建成郭，已具邦国雏形，得到商王朝的赏识，"赐以岐邑"，并以其地为国，叫周，又叫姬周。古公是一位具有雄才大略的部族首领，有长子泰伯、次子仲雍和年幼的季历三个儿子。商代晚期，古公见当时朝政腐败而暴虐，有志灭商，晚年的决心更为坚定。姬昌是季历之子，《史记正义》引《尚书帝命验》："季秋之月甲子，赤爵衔丹书入于酆，止于昌户。"①相传赤爵是一种瑞鸟，"衔丹书入于酆（周地），止于昌户（昌的家里）"，正赶上姬昌出世之时。展开丹书，上面写有鲜红的17句话，都是关于为君之道。在《论衡·初禀》中记载："昌在襁褓之中，圣瑞见矣！故古公曰：'我世当有兴者，其在昌乎！'"②古公认为姬昌是周室兴邦灭商的希望所在，他打算将王位传给季历，再传给姬昌。若按照古时传统，王位应该由长子泰伯继承。为此，古公左右为难，终日闷闷不乐，竟然病倒在床。泰伯领悟到父亲的用意，于是和二弟仲雍以"衡山采药"之名，托辞出走，隐于吴山（今陕西宝鸡境内），吴山有"弓鱼氏"，为吴族，历来是古老的狩猎部落吴（虞）人的居所。泰伯和仲雍勤勉谦让，有所建树，有所作为，很快成为吴（虞）族部落的首领。不久，古公病逝，泰伯和仲雍立即前往周原奔丧。其弟季历劝其继承王位，泰伯坚辞不受，被历史上称为"二让王位"。泰伯决意带领部分"吴山"族人向东南远走高飞，最后定居在荆蛮之地的梅里（今江苏无锡的梅村镇），并向季历传言："吾之吴越，吴越之俗，断发文身，吾刑余之人，不可为宗

---

① 司马迁：《史记（卷四）·周本纪》，中华书局2014年版，第150页，转引自程平山：《〈程寤〉与周文王、武王受命》，《南开学报》（哲学社会科学版）2021年第3期。
② 王充：《论衡·初禀》，上海人民出版社1974年版，第40页。

庙社稷之主。"①可见，泰伯决意要将"周"的天下让给弟弟季历。于是，季历即位莅政，这就是世所称道的泰伯"三让天下"。

泰伯将周室礼仪和中原的文化技术慨然相授，使中原文化和荆蛮文化得以率先交融。数年之间，人民殷富。他带领百姓筑"泰伯城"，凿"泰伯渎"，并建"勾吴"古国。《史记·吴泰伯世家第一》说："泰伯之奔荆蛮，自号勾吴。荆蛮义之，从而归之千余家，立为吴泰伯。"②泰伯创勾吴古国，遂以国为姓，世有吴氏。从此，吴氏便从姬姓中分离出来，单独形成姓氏。

泰伯在位的40余年里，不仅大力发展农牧、冶炼、制陶等业，还努力发展经济贸易，使勾吴国成为"衣食足而礼义备，民生敏于习文，疏于用武"的礼乐之邦。泰伯的"三让"精神受到社会各界的高度赞美。在《论语·泰伯》中，孔子说："泰伯其可谓至德也已矣！三以天下让，民无得而称焉！"③泰伯的伟大，不仅是"三让天下"，开创勾吴国，他还将黄河流域较具优势的礼仪和生产技术带到荆蛮之地，加以糅合与交融，促进了社会的文明发展，最终形成了吴地区域性文化，即影响至今的吴文化。

泰伯的仁义谦让、开拓创业精神，深得民心。上下左右，群策群力，使勾吴国日益强大。传十八世，裔孙寿梦首起称王，并一度成为十二国盟主，使古吴国进入一个兴盛的时期。二十一

---

① 王充：《论衡·四讳》，上海人民出版社1974年版，第355页。
② 司马迁：《吴泰伯世家第一·史记（卷五）·世家（一）》，中华书局1959年版，第1445页。
③ 《论语·泰伯》，转引自董秀芳：《实际语篇中直接引语与间接引语的混用现象》，《语言科学》2008年第4期。

世孙阖闾又拓疆创业,舍梅里而迁苏州,建大小"阖闾城"两座,一在苏州,一在无锡(今无锡胡埭与武进雪堰桥交界处,存有遗迹)。然阖闾之子夫差刚愎自用,居安而不思危,中越王勾践之计,迷恋酒色,放松对越国的警惕。周元王三年(公元前473年),他终于被"十年生聚,十年教训"而卧薪尝胆的勾践所击败,使创立了650年的坚强吴国倾圮亡国。

国破家亡,又遭越国的血腥镇压,吴氏子孙被迫四散逃亡。他们或奔中齐鲁,或难走百越,或漂流出海,历经百般坎坷。但吴氏顽强生息,奋发图进,共奉谦让、开拓、创新精神,在千百年中发展成为全国著姓。如果说从泰伯奔荆蛮到二十五世君主夫差失国,是为吴氏之源;从夫差失国到清末,是为吴氏之流;从1911年清王朝灭亡到现在,是为吴氏之繁衍。目前,国内吴姓人口已达3 000余万之众,加上世界各地的泰伯后裔有680万左右,吴姓已近4 000万人,为全国十大姓氏之一。

二、生生不息

清王朝统治时期,吴氏有两次比较大的迁徙。一是康熙年间诏令平民迁往天府之国四川,因当地常年遭遇战争蹂躏,土地荒芜,需要移民垦田开荒。吴氏便从湖南、湖北、广东等地落籍四川各地;二是乾隆年间取消出海禁令,沿海一带的大批吴氏后裔下南洋和迁往台湾。至清朝年间,吴氏人才辈出,一批吴氏英才在朝中任职,还有25人被清史立传。

寻根有谱,数典弥珍。吴氏大统宗谱三上车分峭岐芭斗桥支吴氏子孙,是在清朝康熙年间,始祖景荣由桐岐(青阳镇)吴家村迁居峭岐芭斗桥村。他生了三个儿子,长子通之、次子兴之、幼子玉之,也称大房、二房、三房。子又生子,子子孙孙,人多兴旺,自然成了一个村,由此从吴氏家谱中衍分出芭斗桥吴氏支系。

芭斗桥村在峭岐镇范围内,位于峭岐西南约1 500米处。村北有一条大水系——冯泾河,村西、村南是冯泾河的支系。三面环水,村南水系有一个较大的水面——三亩浜。在未饮用自来水之前,村上人家都从三亩浜担水回家饮用。三亩浜西侧有一块芦场"廿四亩"。大水系、小水系、三亩浜河面的形状均似盛粮用的笆斗,故芭斗村由此而得名。

芭斗桥村由陶家村、杜家村、华家村、陆家村组成。大村陶家村均系吴姓,杜家村、华家村也有几户吴姓人家,均为芭斗桥吴氏支系。

清朝末年,村上秀才吴迺澂(1866—1933年)乃笆斗桥村吴氏子孙107世兰芳之子,原名赓衡,字俊明,为人清廉善良,生活俭朴,乐于兴办公益事业。吴俊明17岁考取秀才,他却并没有选择"学而优则仕",而是回到家乡自办书塾坐馆,对家境贫苦的学生不收取分文学费。光绪二十八年(1902年),清廷欲拉近民意,推行教育新政。而南洋公学内因教员郭镇瀛引发的"墨水瓶事件",直接导致了中国近代历史上第一次重大学潮——南洋公学学生集体退学事件,打破了中国传统科举制度教育的枷锁,一场围绕废私塾、立新学的教育革命随之引爆。吴俊明与当地众乡绅也被中国学运史上的这一声霹雷惊醒。1905年,吴俊明终止私塾旧学,兴办起洋学堂——江阴峭岐乡立小学。民国元年(1912年)冬天,由解元陈康祖,举人陈佛千、徐习吾,廪生吴俊明等地方绅士组成首届校董会,陈康祖为名誉会长,陈佛千为会长,集资2100余元,在痘司堂东北侧辟地七亩三分,建房七间两厢一长廊。第二年春,经江阴县政府核准改名为萧崎国民第一小学(江阴峭岐乡立小学),委任前清秀才吴俊明为首任校长。

芭斗桥村三面环水,吴俊明为了让对岸的学生上学少走路,自筹钱款主持建修芭斗桥,当地民众皆称其江南慈善家、教育家。他的后辈牢记先辈教导,拼搏进取、博学多才。

吴俊明的长子吴蕴瑞(1892—1976年),字麟若,民国时期考取体育科官费赴美留学名额,学成归国后成为学贯中西的体育通才。新中国成立后,吴蕴瑞被任命为中国第一所体育高等学府首任校长,任期长达24年。吴蕴瑞长子吴承砚(1921—2000年)毕业于中央大学艺术系,师从著名画家徐悲鸿、吕斯百等。1948年,吴承砚赴台湾定居,任台湾文化大学美术系教授。吴蕴瑞次子吴承芝(1925—2013年),字翼,1948年毕业于中央大学园艺系,高级工程师。曾任合肥市园林局局长、合肥市副市长、全国政协委员、九三学社中央委员等职。吴蕴瑞三子吴承建(1934—2018年),又名承健,1957年毕业于北京钢铁学院(现北京科技大学)金属学及热处理专业,后任北京科技大学教授,曾任北京科技大学金相教研室主任、材料学与工程系副主任等职。吴蕴瑞侄子吴承顺,生于1929年,1952年从同济大学化学系毕业,1962年调入中国科学院植物研究所,担任教授,从事植物化学和资源应用研究。吴氏美德代代相传,吴氏子孙生生不息。

三、继往开来

19世纪末,正是整个中国社会从封建制王朝向半封建半殖民地社会转变的过渡期。1892年,在距离上海约180千米以外的江苏省江阴市峭岐芭斗桥村的一户吴姓人家里,因一位男婴的呱呱坠地,这家人激动得喜出望外,他们迎来了第一个孩子。全家人把所有的希望和祝福寄予了这位男婴,并给他起了一个吉祥的名字蕴瑞,字麟若。起名者正是这位男婴的父亲,他是当地有名的乡绅吴俊明,他希望眼前这位男婴日后能健康壮硕,蕴蓄吉祥,大有作为。

吴蕴瑞从6岁起就跟随父亲在其塾馆习学"四书""五经",接受启蒙教育。由于从小饱读"四书""五经",吴蕴瑞一生中随口的言谈常常带有些传统的道德伦理。比如,他教导孩童时会说:"当你要和小朋友合作或是求人帮忙做事,将欲取之,必先与之。"再如,当大家都纷纷夸赞别人的好,他会站出来说:"未可也,不如乡人之善者好之,其不善者恶之",如此等等。吴蕴瑞的一生好学不倦,虽然日后从事体育教育,但是他既保持了一份儒雅,骨子里还透着一股倔强和坚韧的劲头。

中国几千年的封建教育思想,使学子身处科举、仕途的枷锁中,却因1902年爆发的被称为中国学运史上"一声霹雷"的"墨水瓶事件"而惊醒,全国上下掀起了呼吁教育改革的浪潮。清廷在20世纪初实行新政,其中的教育改革确定了"停科举,兴新学"的方针。1904年颁发的《奏定学堂章程》规定了各级新式学堂的体育课程的设置。启蒙学堂及寻常小学堂每日一节体操课,高等小学堂每周3学时,每隔一日一节;中学堂及高等学堂每周两节。体操课分普通体操和兵式体操,中学三、四年级和高等学堂都须练兵式体操,有利于引导整个社会体育观念的改变。新式学堂取缔旧制的官学、书院、塾馆,学生们在新式学堂之中通过学习西方文化艺术,阅读国外书籍和报刊,逐步接触了资产阶级民主自由的思想,开始萌发了反对封建专制压迫、要求民主自由的思潮。毫无例外,吴蕴瑞在这一时期从父亲的私塾转入由其父亲担任首任校长的萧崎国民第一小学(江阴峭岐乡立小学),接受新式学堂的教育。

然而,清末民初,中国社会风尚急剧变化。自鸦片战争失败以后,上海被迫开埠,租界内外俨然两重世界,租界内居住着来自西方的殖民者,他们整日过着养尊处优的生活,在满足平日消遣和娱乐之时,也将诞生于西方的近代体育传入中国。

跑马是早期西方侨民传到上海且影响最大的体育娱乐项目。上海跑马总会是外侨在沪的民间体育组织,于1848年至1861年间,分别在大马路(今南京东路)和静安寺路(今南京西路)一带圈占地皮,兴建了三个跑马场。这些跑马场既是西方人在上海的重要休闲娱乐场所,也是他们进行各类体育竞赛的活动场所。

外侨在体育方面的各项活动对上海近代体育运动的发展具有启蒙作用。但由于外侨以殖民者的身份凌驾于华人之上,其体育组织和运动场所均禁止华人参加或进入,加之中西体育文化差异造成的隔阂,使得晚清时期居住在中国的外侨组织的体育活动基本上限定在他们自己的生活圈中,华人最多只是看客,直到清末这种状况才有所改变。

另外,西学东渐之风也将西方的进步思想、文化、科技、生活习俗同时传入中国。中国的社会生活面貌悄然发生着变化,出现了不少新事物、新气象。同盟会中部总会、光复会上海支部和全市各界民众、清政府统治者中的进步人士,共同将清王朝在上海的最后一个顽固堡垒——江南制造局攻破。还有为支持反清、反帝、反封建革命起义,圣约翰书院师生捐款筹饷。群学会附属义务小学发起"剪辫助饷会",上街剪辫,每剪一辫,收费二角。为此,曾有进步人士感叹:"以髫龄稚子,而能奔走国事,劳怨不辞。夫何患共和盛业之不成哉?"

1908年,16岁的吴蕴瑞考入苏州师范学校,此时的他还是一位热血青年。随着社会矛盾的进一步激化,1911年爆发的辛亥革命,推翻了中国几千年的君主专制,建立了中华民国。受尚武救国思想的影响,从日本传入的军国民体育思想在这一时期是国内体育思想的主流,一些进步人士和教育界名流呼吁强国必强种,首当重体育,强身健体,强种强国。军国民体育思想因此得以提倡,政府要求各级各类学校普遍实行军事编制,开设以兵式体操为主的体育课程,以实现军国民教育的目标。蔡元培在民国初期也提出过"教育服务革命"的思想,日后他的政治立场主张"分阶段论",认为革命前和革命中,教育为政治斗争服务;"革命目的达成后",学生用功读书而不必再去参加政治斗争,以免影响学业。换言之,在此特殊时期,蔡元培认同军国民体育思想的盛行,是为达成适应中国近代特殊的历史背景和革命环境的目的。

1915年年底,吴蕴瑞从苏州师范学校毕业。次年,24岁的吴蕴瑞考入南京高等师范学校,专攻体育学。然而,近代体育在中国的本土化的进程既漫长又曲折。早期,体育对于西方侨民来说是娱乐消遣的方式,那时候,比赛和体育游戏尚处于缓慢发展的状态,像英式足球、草地网球、棒球较为流行,但形式简单。中国民众对于体育的态度,初期是不知"体育"为何物,一些父母力求把孩子培养成文人志士,视体育为不文雅的举动,竟是些跑、跳般粗俗和野蛮的行为。因国人受中国传统思想的影响,对西方近代体育在中国本土化发展的过程充满诸多的排斥与批判、矛盾与冲突。吴蕴瑞在《体育原理》中对此道明了缘由:

"中国哲学思想,影响政治风俗人情者,莫如儒道两家。然儒家重礼节,以雍容揖让为娴雅,子路好勇,孔子哂之,羿善射,傲荡舟,孔子笑其不得其死。后世之教育家,莫不受其影响,而后儒重文轻武之态度,实由之养成。道家之学,尚清净无为,葆精惜气,不使劳瘁……"①

吴蕴瑞以辩证的视角表述儒道两家思想影响着我国近代体育的发展,儒家注重礼仪文化,"非礼勿视,非礼勿言,非礼勿听,非礼勿动",一切行为都要符合礼仪要求。发端于孔子的儒学思想,在礼的教育中,赋予单纯体育竞技活动以丰富的人文内涵,从而形成了体育竞技活动中的道德要求,使单纯的体育竞技活动变成了以仁、义作为最高标准的强身健体活动。

道家哲学中最主要的思想讲求人与环境崇尚自然,强调人与环境的本性,倡导无为。老子说:"人法地,地法天,天法道,道法自然。"其意为人要效法天地,天地要效法道,道终究要崇尚自然法则,这样,人与天道在自然的层面上实现了合一。"天人合一,道法自然,清静无为"的道家思想,深刻地影响着中国传统体育文化。纵观传统体育在运动形式和规则体系上始终追求人与人、人与道、身与心、人与自然的和谐统一,都是顺应自然,讲求无为之道。

---

① 吴蕴瑞、袁敦礼:《体育原理(第3版)》,勤奋书局1936年版,第26—27页。

现代西方体育的根源在于西方哲学思想中蕴含的运动观。古希腊哲学家赫拉克利特曾提出"一切皆流""万物在变"的观点。他认为运动是持续的、永恒的、无条件的。因此,受到儒家和道家思想中"有为"与"无为"思想影响的中国传统体育与注重运动的西方近代体育观念,既有共同之处,又有各自主张,虽然中国传统哲学思想赋予中国传统体育独具的人文内涵和精神魅力,但是我国传统观念中长期缺乏西方倡导的有规律的、有系统的体育游戏或体操,以及我国大部分国民体格退化、体质孱弱,所以,要正视西方体育在我国本土化的历史趋势,并在中西文化的融合和碰撞中促使近代中国的体育逐步发展起来。

教会学校是近代中国中西文化交融的主阵地。上海圣约翰书院是一所美国教会学校,是最早在中国开设的体育课堂,学生每天进行体育活动和军操,可以矫正姿势、形塑气质。由于圣约翰书院开体育风气之先,后续众多学堂注重学生的体育训练和运动。1914年冬,当时的六所大学——上海的南洋、圣约翰、沪江三所大学,苏州的东吴大学,南京的金陵大学,杭州的之江大学,联合成立校际体育联合会,定期组织六所大学开展田径运动会和各种球类比赛。于是,这样的校际联赛逐渐在南北各地学校之间纷纷开展。此外,当时的基督教青年会也频繁组织和筹办各类体育赛事,影响最大的莫过于1910年10月19日—22日,由基督教青年会系统组织和筹办的"全国学校区分队第一次体育同盟会",辛亥革命后被追认为旧中国"第一届全国运动会",选择在南京举办博览会期间举行。比赛坚持了奥林匹克运动的业余原则,参赛选手几乎全部来自学校,还包括一些来自青年会系统和教会学校的参赛者。在长达5天的比赛中,前来观赛的观众有4万多名,这对于当时的中国社会产生了重要影响。从此,一个以奥运会形式为蓝本的体育赛事逐渐在全国兴起。正是这些赛事活动的举办,直接促进了全国体育事业的发展,唤起了全民对于体育的全新认识和关心,也为日后体育赛事统一标准奠定了基础。

十月革命一声炮响,给中国送来了马克思主义,涌现出一大批具有初步共产主义思想的进步人士。随后的"五四"新文化运动,促使我国体育运动进一步发展。体育课由原来的兵式体操改革为以田径、球类和游戏为主的运动。同时,新文化运动唤醒了一部分国人的"民族自决",收回体育主权的呼声日益高涨,迫切成立自己的体育组织,希望国人开始自主办赛。这些燃起的星星之火,不仅是日后燃遍祖国大地的火种,助燃之源来自建党先驱们的民主与科学的新思潮,同时也带来了对体育的全新认识和对体育意义的深刻诠释。

1917年4月,毛泽东在《新青年》杂志上发表《体育之研究》。他在文章中提出"三育并重",即德、智、体三者。"然昔之为学者详德智而略于体,体者载知识之车而寓道德之舍,无体是无德智也。""体育于吾人实占第一之位置,体强壮而后学问道德之进修勇而收效远。于吾人研究之中,宜视为重要之部。"[1]青年时期的毛泽东作为一个具有民主思想的青年学生,在探索体育的概念、目的、作用,以及体育在教育中的地位、锻炼身体的原则和方法等方面,进行了一番唯物辩证论,对体育界长期争论的问题予以澄清,对后人难道不是有所启示吗?

---

[1] 原载《新青年》1917年第3卷第2号,转引自《新青年》1979年第8期。

1920年1月,陈独秀在其撰写的《青年体育问题》中指出:"健全思想健全身体本是应该并重的事,现在青年不讲体育,自然是一大缺点。""但是备体育应有三戒:(一)兵式体操。(二)拳术。(三)比赛的剧烈运动。这三件事在生理上都违背了平均发达的原则(小学教育更不相宜),在心理上都助长恶思想。军国民教育的时代过去了……。"①陈独秀作为"五四"新文化运动的领袖之一,也提倡"三育并重",主张青年要"意志顽强,善于不屈""体魄强健,力抗自然",反对"手无缚鸡之力,心无一夫之雄,白面纤腰,妩媚若处子;畏寒怯热,柔弱若病夫"。可见,陈独秀对体育的认识已从服务于革命的军国民体育思想中抽离出来,转向体育育人与体育树人的更高层面。但强国强种的主张,以及摘下"东亚病夫"帽子的理想依然未变。

"五四"新文化运动前后,是我国体育思想较为活跃的时期,体育运动对于当时的社会来说也成为一个被人们关注的现象。一些有识之士纷纷关注体育,开辟了崭新的体育思想的研究,给中华体育增添了动力和方向。1918年,吴蕴瑞从南京高等师范学校体育专修科毕业。显然,吴蕴瑞对于体育的追求,意志坚决。若论其原因,揣测有三点:其一,体育对于当时社会来说并未实现普及化,也就是说,凡能接触"体育"之人,可被视为有钱、有闲或是有身份地位之人;其二,民国时期是近代中国社会转型的重要时期,旧的由衰而亡,新的由孕而生,民国体育就是在这样的背景下应运而生的,当时的体育系科学生临近毕业时,早已被各中学及师范类学校函聘一空,足见体育系科毕业生极其受

---

① 陈独秀:《青年体育问题》,《新青年》1920年第2期。

到当时社会的需要,满足了各级学校对体育师资的迫切需求;其三,清末民初,中西文化交融、思想碰撞,在"五四"新文化运动的推动下,一部分国人逐渐有了"民族自决",欲摘下"东亚病夫"的帽子,寻求救国之道,继"富国强种"的体育主张之后,"体育救国论"得到公开的讨论,主张通过发展体育,走救国救民的道路。

吴蕴瑞择体育为其安身立命之本自有他的思考,并投入体育教育事业中。他曾任南京暨南大学体育教员半年,1919年又就职于南京高等师范体育专修科任助教。他在体育教育的道路上不断砥砺前行,于1924年参加江苏省组织的统一考试,以第一名的成绩获得当年唯一一个官费赴美留学的名额。吴蕴瑞远渡重洋进入美国芝加哥医学院攻读,之后又升入美国哥伦比亚大学师范学院获得硕士学位,随即前往英、法、德三国考察体育教育事业的发展情况。1927年,吴蕴瑞借他山之石,学成归国,成为当时中国不可多得的学贯中西的体育通才。

吴蕴瑞先后任中央大学、东北大学、北平师范大学等学府的体育系教授,出版《运动学》《体育原理》《体育建筑及设备》《田径运动》等著作。尤其是1933年勤奋书局出版的、由吴蕴瑞和袁敦礼合著的《体育原理》,其中的见解超越了同时代的绝大多数体育理论研究者。"这部当年由上海勤奋书局出版的体育丛书之首卷,是当时中国唯一的体育专书中唯一之宏观论著,唯其具有宏观视屏和俯瞰高度,故而能够开疆拓野,纵横捭阖,布局铺陈,历久弥新,至今仍有很强的可读性。"[①]通过查找文献,实际

[①] 张洪潭:《中国第一部〈体育原理〉著作的当代价值论》,《体育与科学》2007年第3期。

上，在吴蕴瑞之前已有宋君复编著的《体育原理》和方万邦著的《体育原理》，新中国成立后有关"体育原理"为题的著述更是丰富。"吴蕴瑞、袁敦礼合著的《体育原理》虽说其源在美国的威廉士，却也和宋君复的《体育原理》以及方万邦的《体育原理》有类似之处。"①究其原因，以上作者都有留洋的经历，接触西方近代体育思想，袁敦礼、吴蕴瑞和方万邦三人均在哥伦比亚大学学习，袁敦礼是1923年，吴蕴瑞是1924年，方万邦则是1926年进入哥伦比亚大学，攻读教育学硕士学位，且三人均受到威廉士（J. F. Williams，也译为"威廉姆斯"）自然体育思想的影响。从学术思想启蒙到袭承，再到融合的角度来看，宋君复以及方万邦的《体育原理》的确具有先导性价值，而吴、袁合著的《体育原理》具有一定的超越价值，体现在集大成的意义层面上。

新中国成立后，吴蕴瑞被任命组建华东体育学院，1956年改称为上海体育学院，他作为新中国第一所体育高等学府的首任校长，并且在任长达24年之久，做了大量开创性的工作。"马如棠在口述史中曾说上海体育学院在20世纪50年代以后并没有开设体育原理课，原因是当时学习苏联体育体制，全国各行各业都是一边倒。马如棠说吴蕴瑞代的是解剖课，并非体育原理课程。从诸多文献中可以得知，体育原理是一种来自美国的课程。早在1985年就有人关注到体育原理课程和美国自然体育理念的关系。"②新中国成立之初，为发展新体育，接受了苏联的体育援助，体育援助工作遍布各个领域，内容丰富，形式多样，深

---

① 路云亭：《传播的错位：吴蕴瑞个案研究中的三重面相》，《体育与科学》2019年第1期。
② 同上。

入技术、观念、管理方法、体制和机制等不同层次,虽然援助时间较短,但为新中国体育事业发展起到了推动作用,同时也存在利与弊共存的深远影响,直至今天,中国体育事业尚存若干"苏式基因"的痕迹。

我们今天提及的"体育",源于人类为了生存而进行的头脑和肢体并用的行为,人们参与体育竞技所获得的力量和欢愉,正是人的本能和天性的发挥,这一点也符合自然体育观强调的人的本能的重要性。2008年北京奥运会举办后,中国步入体育强国时代,若实现这一愿景的前提是体育回归民间,全民体育也是一种自然体育观念。作为中国自然体育的代表人物之一,2008年学界关于吴蕴瑞体育思想的研究达到高峰,也间接说明了自然体育观念在当下重新得到重视。2018年5月,上海市社会科学界联合会首次评选出68位"上海社科大师",吴蕴瑞先生位列其中。

综上,吴蕴瑞对中国近代体育发展的贡献很大,可以说他是中国近代体育科学理论的重要奠基人、中国近代体育教育的开拓者。但推动近代体育发展并非归功于某一人,吴蕴瑞同袁敦礼、方万邦等中国自然体育的代言人,宋君复、张汇兰等众多体育家,他们同样抱有体育理想,从事共同的体育事业,在体育方面都有建树,并著书立说。因此,应该说吴蕴瑞是中国近代体育思想的集大成者。

第 2 章
志美行厉：一位青年的热望

一、近代体育的西学东渐

关于中国近代体育的时间界定，学界普遍认为是从 1840 年到 1949 年这段时期，在中国流行和开展体育运动。它包含两个层面：一是中国自古传承下来的固有形式的传统体育；一是由西方传入的近代体育。若以 1949 年作为一个时间区隔，自 1949 年至今的体育发展可视为现代体育。吴蕴瑞的一生经历晚清、民国和新中国三个重要时期，他始终致力于中国体育教育和体育事业的发展，他对体育的贡献期可以视为中国近代体育向现代体育事业迈进的过渡期。与吴蕴瑞同时期的诸多体育家、社会活动家等进步人士，共同推动了中国体育的进步与发展。因此，在厘清中国体育的时间脉络后，我们再来探讨近代体育西学东渐的问题，思路就会更为清晰和了然。

"体育"一词的出现大约可追溯至 1897 年，由中国留学生翻译并从日本传入我国。而近代体育的形成，源于西方。从

17世纪至19世纪,西方先后经历了科学革命、工业革命,并且在城市化进程的推动下,大量移民涌入城市,城市人口迅速扩张,随之而来的是城市居住环境的急剧恶化、城市污染不断加剧、传染病开始流行。高昂的生命代价让人们开始关注公共活动空间和大众健康问题。19世纪30年代,英国皇家委员会开始研究公共空间问题,英国议会在1835年至1859年间多次通过法令,大规模地建设公共园林。此后,公园运动在英国如火如荼地开展起来,逐渐演变成城市体育的中心,并出现了大量的户外俱乐部。美国于1858年在曼哈顿建立纽约中央公园,这是美国第一个城市公园,极大地方便了纽约市民的娱乐和休闲。美国经历了南北战争之后,诸如射击、划船、徒步等体育运动在本土得到了迅速发展。另外,美国全国棒球联盟的成立和美国校际橄榄球协会的诞生,迅速地推动了美国步入体育运动快速普及和发展的新时期,美国的学界也开始对体育进行系统研究,形成的理论又进一步指导体育运动的科学和规范,对人类的身体、健康、教育和生活都产生了深远的影响。

1840年鸦片战争以后,上海被迫开埠,成为"五口通商"之一的城市。上海这座城市从封闭走向开放,快速步入转型期,以海纳百川的态度,吸收各国先进思想和价值观念,让这片曾经名不见经传的滩涂成为享誉东亚的经济中心和金融中心。上海的城市范围迅速扩大,经济开始日益繁荣。"1845年11月,英国第一任驻上海领事巴富尔胁迫清苏松太道公慕久订立《上海土地章程》,以不平等条约的形式划定了东以黄浦江,南以洋泾浜(今延安东路),北以李家庄(今北京东路),次年又议定西以界路

(今河南中路)为限,总面积约830亩的英租界。"[①]这个独特的地域划分出租界侨民聚居的"西方世界"和华界市民生存的"东方世界",两个不同的世界在不同的政治经济制度、伦理道德、文化交流中互相碰撞、冲突、吸纳和融合。自此以后,带有西方文化内涵的近代体育也就随着一批又一批外国侨民的涌入,自然地融入他们居住和生活的这块东方土地。国人对外侨的体育活动从最初的未知、惊诧和排斥转变为接受、吸纳并模仿,这促进了西方体育在中国本土化的发展与变迁,也为日后爆发的围绕"洋"体育与"土"体育的"土洋体育之争"带来的转型阵痛埋下了伏笔。

首先,近代体育的西学东渐源于西方殖民者、侨民、商人、官兵和传教士等西方人在中国的体育文化意识形态传播。西方侨民日常的娱乐休闲、体育活动和众多体育组织也起到了一定的示范和引导作用。1910年,在上海的全球各地侨民已经达到1万3千多人,包括英、美、德、法、日、俄等30多个国家。1848年,由英国人在上海英租界开设了被英国侨民称为"老公园"或"抛球场"的第一个跑马场,进行赛马赌博,以此消遣和娱乐。后来,这个跑马场先后经历两次迁地扩建,逐步在跑马场的基础上开辟了抛球场、混球场、板球场、高尔夫球场、棒球场和足球场等,并组织了以侨民为主的拔河和田径比赛。与此同时,由西方侨民创办的体育组织纷纷设立。还有各种综合性俱乐部,如英国总会、法国总会、俄国总会、德国总会、花旗总会等;专业性以

[①] 上海图书馆:《老上海风情录(四)——体坛回眸卷》,上海文化出版社1998年版,第1页。

及技术性很强的俱乐部,比如上海跑马总会、板球总会、越野总会、游泳总会、上海足球总会(又称"西联会")、上海划船总会、上海高尔夫球总会、上海射击总会、上海万国象棋会等,竟多达30多个,可谓名目繁多、五花八门。这些俱乐部定期组织各项活动和体育运动,既丰富了西方侨民的文娱生活,也提升了侨民的身体健康。而在中国本土,除了上海,在天津、广州、青岛和烟台等沿海城市,也相继开始接触西方近代体育,成为最早一批发展体育运动的城市。

其次,近代体育的西学东渐,来自基督教青年会和教会学校进行的有组织的体育思想传播。19世纪下半叶,来自世界各地的传教士和西方侨民带着各自不同的目的,在上海创办了不少教会学校。教会学校本身就是西方文化西学东渐的产物。这些西式教会学校的招生对象除了少数侨民子女外,还招收中国人。在他们的教学活动中,不仅传授了大量西方先进的科技文化知识,同时也给予受教育者实施不同于中国传统教育的教育方法和教育手段。也就是说,从19世纪末开始,西方近代体育逐渐走出在华外侨的圈层,开始在教会学校和基督教青年会的华人学生群体中开展体育运动。

基督教青年会对近代体育在中国的传播起到了重要作用。青年会除了传授与体育运动相关的技术外,青年会的干事和部分专业人士还经常到学校指导体育活动,介绍西方近代体育理论与方法,并且培养体育专业干才。比如,上海青年会于1918年开办一年制体育干事训练班,之后改称全国基督教青年会体育专门学校,学制改为两年制。培养的学生成为我国较早接受西方体育思想和参与专业训练的人,他们中的许多人也成为日后我国体育事业的领导者和教育者,并成为日后推动我国体育事业发展和兴办我国体育教育发挥重要作用的执炬者。

在当时中国的西方教会学校中,中国的儿童体质和健康都与西方设定的最低标准相差甚远,担负的脑力劳动却繁重不堪。于是,在教会学校内,经常开展体育比赛和游戏,用以学生们进行娱乐和运动。还有一些教会学校引入体操,以矫正学生的体态和身姿。教会学校通过校内和校际体育活动,在中国传播西方体育。上海圣约翰大学(原名圣约翰书院),是较早开设体育课的洋学堂之一,其涉及的体育项目几乎囊括所有现代体育项目,如田径、足球、篮球、乒乓球、体操、网球、棒球、游泳等。同时,圣约翰大学也是率先将体育理念和竞技运动带到中国的教会学校。从1890年开始,每年的春、秋两季,圣约翰书院举行以田径为主的运动会,是我国最早的田径比赛。由各学校组织而成的校际体育联合会每年会举办两次校际联赛,春季举行田径运动会,冬季举行足球冠军赛。运动会和比赛轮流在各学校的校园里举行。在组成校际体育联合会的各学校中,属圣约翰书院和南洋书院为最强劲的竞争对手,圣约翰学院曾连续7次夺得校际运动会的冠军。

自1900年始,清政府出台新政,准许外国人在内地开设学堂。"至1918,在华教会学校大约有13 000所,学生总数达35万余人,比1900年增加4倍左右。教会学校的迅速发展不仅对以科举考试为目的的传统教育提出严峻挑战,而且教会学校的出现打破了人们陈旧僵化的教育观念……。"[1]再加之逐渐开展

---

[1] 杨齐福:《科举制度与近代文化》,人民出版社2003年版,第115页。

的众多校际体育运动会,带来的积极影响主要有四点:其一,有助于传播学校的精神、普及校誉,改变人们对教会学校的偏见;其二,可以提高学生们参与的热情,强健学生的体魄,锻炼学生的意志品格;其三,唤起全民对体育的关心,并逐渐形成统一的赛会标准;其四,为日后在中华大地发生的重大历史变革培育希望的火种。

最后,近代体育的西学东渐也因众多中国留学生学成归国,以及大量体育期刊的创办、体育著作的出版而传播开来。近代一批又一批留学生远离故土,学习世界各国的先进科学与文化,他们借他山之石归国后,传播西方教育思想与军国民体育思想,使其成为我国学校教育的重要组成部分。资产阶级改良派与革命派都自觉地将开展体育运动作为宣传实现其政治理想的必要途径。

维新派人士严复于清末赴英国格林尼次海军学院留学,回国后在军事学堂开展体育活动。他说:"西洋筋骨皆强,华人不能。一日,其教习令在学数十人同习筑垒,皆短衣以从。至则锄锹数十具并列,人执一锄,排列以进,掘土尺许,堆积土面又尺许。先为之程,限一点钟筑成一堞,约通下坎凡三尺,可以萍身自闭。至一点钟而教师之垒先成,余皆及半,惟中国学生工程最少,而精力已衰竭极矣。此由西洋操练筋骨,自少已习成故也。"[1]此后,他提出"自强保种",尚武思潮在中国渐渐流行起来。

康有为则提出"欲强国必须强民,欲强民必须强体",主张以体育来锻炼国民体魄。梁启超在《论尚武》和《中国之武士道》等

---

[1] 徐立亭:《晚清巨人传·严复》,哈尔滨出版社 1996 年版,第 69 页。

第2章 志美行厉:一位青年的热望

文章中,将"尚武"强国的精神作为培养全面发展的"新民"的必要条件。资产阶级维新派的这些体育主张日后被以孙中山、蔡元培为代表的资产阶级革命派所接受,将体育从主张尚武强身提升到新的高度,形成了"强种保国,强民自卫"的体育革命思想。

20世纪初,"尚武"思潮逐渐被更具理论化的军国民体育思想取代,并迅速成为国内各学校体育的主导思想。1904年的《奏定学堂章程》规定,各级各类学堂"宜以兵式体操为主";1906年的《学部:奏请宣示教育宗旨折》将"尚武"列为教育宗旨之一。"所谓尚武者何也?东西各国,全国皆兵。"要求"凡中小学堂各种教科书,必寓军国民主义""体操一科,幼稚者以游戏体操发育其身体,稍长者以兵式体操严整其纪律"。然而,清末民初的军国民体育实践并没有达成"体育救国"的理想,并且同样推崇军国民体育的德国因发动第一次世界大战而战败,我国一大批进步人士开始反思呆板、强制、枯燥的军国民体育是否适应中国体育教育?以采用自然、个性、活跃的美国实用主义体育思想的主张逐渐兴起。

尤其是在吴蕴瑞与袁敦礼所著的《体育原理》一书中,在谈及德国体操时,提出了一个非常重要的观点:就是要结合德国当时所处的社会环境和历史背景来分析体育在其中发挥的作用。他们在书中说:

"18世纪之末、19世纪之初,拿破仑蹂躏全欧,德国各联邦分崩离析,一盘散沙,致1808年间,各联邦全在拿破仑掌握之中。当时,德国人被法人征服之结果,全国民众教师,朝下领袖,一致抗敌,唤醒民众,激发爱国之心,以收统一救国之效……杨氏(Friederick Ludwig Jahn,1778—1852)为当代有志之士,有经纬之国家主义分子,用言语文字及体育宣传国家主义。可见当时之体育,纯乎国家危险状况之反响,藉以纠合民众,造成全国统一之基础者也。"①

很显然,从这段话中我们可以看出吴蕴瑞对于德国体操的观点:其一是体育与政治的关系,杨氏体操体系在1816年出版的《德意志体操术》一书中得以全面阐述,意欲唤醒民众的体育参与意识,团结民族感情,激发勇敢精神,增强国民身体素质,从而达成强国强种的目的;其二是与我国当时的国情和社会环境相对比,在中国推行的兵式体操由"尚武"思潮演变为军国民主义,为了适应当时社会多种矛盾下的革命运动,将兵式体操训练与培养军事人才、革命党人武装力量紧密地联系起来,实现体育救国。因此,吴蕴瑞认为:

"同地同人之体育,亦因时间环境之变移而改变也。乃异地、异人、异时之国家反沿用之,岂非大谬。"②

特别是新文化运动的兴起,使军国民体育思潮日渐式微,实用主义体育思想盛行。张伯苓认为:"国人多孱弱,若人人习于运动,可跻健强。"③因此,张伯苓大声疾呼:"强国必先强种,强种必先强身","强我种族,体育为先!"另一位著名的外交家、体育活动家王正廷在1915年第二届远运会结束后感慨道:"吾国文弱已达极点,故国家有岌岌不可终日之势。今欲救国必先强种,既欲强种,非男女体育同时提倡,不可奏效……女子体育欲

---

① 吴蕴瑞、袁敦礼:《体育原理(第3版)》,勤奋书局1936年版,第14页。
② 同上书,第19页。
③ 梁吉生:《张伯苓的大学理想》,北京大学出版社2006年版,第32页。

与男子体育同时发达,尚虑种族有不强者乎。"[①]事实上,无论是我国资产阶级改良派与革命派推崇的"尚武"精神到后来的"强种强国",还是主张实用主义体育思想的教育家、体育活动家,他们的共同理想都是以体育救国,锻炼国民体魄,凝聚民族精神,唤醒民族自决,挽救国家危亡。

总之,西方近代体育传入中国的途径可以分为三个方面:第一,包括侨民、传教士、商人和官兵等西方人在中国的体育文化意识形态传播;第二,基督教青年会和教会学校进行有组织的体育思想传播;第三,中国留学生学习与创办体育期刊、出版体育著作等传播。西学东渐催生了中国近代体育的发端,客观上促进了中国近代学校体育的兴起与变革。同时,西学东渐难免生发文化交融,思想碰撞,一定程度上对我国的民族精神和文化传统产生了强烈的冲突,间接地推动了当时处于半殖民、半封建的中国发生了一场巨大的社会变迁、文化更替、风气转移。

二、初识麦克乐先生

青年会是世界性的基督教青年组织,对近代体育的国际传播起到重要的作用。它对中国的影响可以归纳为三方面:引进和传播现代体育活动、介绍西方体育理论与方法、培养体育专业人才。

基督教青年会"传入中国的时间在 1885 年,最早成立青年会的是福州英华书院及通州潞河书院"。[②] 1890 年,中国基督教

[①] 王正廷:《观第二次远东运动会之感言》,《进步》1915 年第 3 期。
[②] 梁兆安:《记上海青年会体育部(上)》,《上海体育史话》1983 年第 2 期。

宣教大会在上海举行,会议正式邀请北美青年会派员来华帮助青年会开展工作。至1900年,在唐介耳、颜惠庆及美国人路义恩等十余人的组织下,创立了中国第一个城市青年会——上海青年会。

基督教上海青年会的宗旨是发展青年的德、智、体、群四育,为社会服务,同时举办了华东校际运动会(1901年)和学校联合运动会(1904年)等。为了创建一个永久性的体育会所,经过两年努力,1908年,上海青年会体育部正式成立,由董事会聘请第一名美国体育干事埃克斯纳(M. J. Exner)为体育部主任,并开始积极策划组织一系列有影响力的体育盛会,开展校际、省际、全国乃至国际性的正规的体育竞赛。1910年,他发起和指导了在南京举行的全国学校区分队第一次体育同盟会,后来被公认为中国第一届全国运动会;1913年,他组织发起了第一届远东运动会。

基督教上海青年会为推动中国近代体育事业的发展起到了积极的作用,是活跃并热衷于近代体育在中国本土化发展的倡导者和创始者。同时,青年会把体育工作的重心放在华人社会,又在沟通华人与西侨之间的体育往来方面起了重要的桥梁作用。

青年会体育部的人事安排实行干事聘任制,先后派史温(A. H. Suan)、麦克乐(Dr. C. H. McCloy)、蔡乐尔(Dr. C. A. Siler)、葛雷(Dr. J. Gray)等人担任青年会全国协会体育部干事职务,在各地方也设立青年会体育干事。这样,一个体育行政组织的网络基本形成,从而促使体育工作能落到实处。

对中国近代体育贡献最大的青年会干事非麦克乐莫属。麦克乐(1886—1959年)出生于美国俄亥俄州的玛丽埃塔,青年时期取得医学博士学位,之后获哥伦比亚大学哲学博士学位,并担任美国健康体育休闲协会分会主席、美国健康体育学会会长、美国体育学会会长等社会职务。伴随着西学东渐的大潮,作为西方体育文化的传播者,麦克乐先后在1913年至1926年之间两度来华,宣传西方民主思想和传播自然主义体育。

1913年,麦克乐任中国基督教青年会体育部干事;1915年至1916年,在上海青年会体育专门学校和江苏省教育研究会体育传习所任教;1916年应聘为南京高等师范学校体育专修科首届主任、教授。而吴蕴瑞于1915年12月,以品学兼优的成绩从苏州师范学校顺利毕业。1916年年初,南京高等师范学校为培养师资,特设二年制体育专修科,是中国第一所开办高等体育专业教育的学校,第一批招生23人,这在当年高教界可谓开时代风气之先。吴蕴瑞毅然报考,立志投身体育教育事业,继而考入南京高等师范学校体育科,成为麦克乐在南京高师执教的第一届学子。

麦克乐在中国的体育教育实践,首要的任务是主张加强体育师资的培训,他指出:"在教育界中,应当养成有学识,有资格的,有高尚理想的体育专家。绝对的必须学习体育教授法,和体育一切底教材。并且也得兼习体育根本的科学,如生物学、教育心理学和种种属乎教育的科学。有这样的人,才可以称一个体育专家,才能以使学者得着益处。"[①]麦克乐虽然担任青年会体育部干事,可他将民主精神、人格教育融入体育,使学校体育具

---

① 国家体委体育文史工作委员会:《中国近代体育文选》,人民体育出版社1992年版,第69页。

有更深层的教育意义。他倡导体育教师不单单要有熟练的体育技能，还得通晓教育学、生理学、心理学等各学科知识。麦克乐也是中国体育理论、学校体育和体育科学研究的奠基人。麦克乐对吴蕴瑞的影响很大，他是吴蕴瑞体育思想积淀过程中最主要的启蒙者，是带领吴蕴瑞步入体育学殿堂的导师。

对于南京高等师范学校设立体育专修科的评价，校长郭秉文曾在1918年的《关于本校概括报告书》中这样评价体育专修科："本年六月，体育专修科毕业学生，当近毕业时，已由各中学及师范预先函聘，此可以见本校所设之专修科与社会之需要，尚不背也。"可见，南京高等师范学校体育专修科是当时中国培养体育师资的主要场所，顺应了时代发展的需要，满足了各级学校对体育师资的迫切需要。

吴蕴瑞顺利地完成了南京高等师范学校两年制体育专修科学业，毕业后到暨南大学任体育教员。为了培养更多的体育干事，从1918年开始，基督教上海青年会开办了一年制体育干事训练班，以后改称全国基督教青年会体育专门学校，学制为两年制。之后，基督教青年会分别在北京、天津、长沙、成都等城市的青年会陆续举办体育干事训练班。1919年1月，吴蕴瑞被推荐进入体育干事训练班进修，结业后回到南京高等师范学校体育专修科任助教。从此，踏上体育教育的漫漫旅程。虽然吴蕴瑞青年时期与基督教青年会接触较为紧密，但是他在接受西方体育思想的启迪中，因受教于麦克乐，吴蕴瑞接触了自然体育思想的启蒙，逐步形成了追求体育科学化的观念，反对欧美宗教影响下的体育观念。在《体育原理》中，关于心身问题与体育关系的论辩，吴蕴瑞与袁敦礼对此已经明确表达了以科学之事实采取

心身一元说的观点:

"吾人既不能承认灵魂,及一切于有形世界外另有超乎人类之主宰之存在,则由青年会根据以人之活动区分为心、身、灵三方面所输入吾国之体育,其内容及方法不能不为吾人所怀疑矣。彼等以体育为纯粹身体之活动。凡属身体活动之动作,不问其影响于全部机体如何,均可采用。彼等注重实行,认为无讨论所实行者之价值之必要。游戏与竞技固佳,体操亦佳;重器械固佳,轻器械亦佳。身体以外之灵魂与智慧则付之上帝与文化教育,体育指导者乃纯粹为从事于身体之事业者。此种违背科学上心身一体之观念,在我国体育界颇占重要地位,养成一般不用思想,不向理论勇往直前,热心实行之体育家,而不自知其沉沦于欧美传统的宗教势力之下,诚可慨也!"[①]

吴蕴瑞有着鲜明的批判精神,他对于体育在教育上的地位高度赞同,体育对于人类的贡献巨大。他坚持心身一元说,认为体育不仅在操练个人的身体,也能陶冶人的品格,并借此养成团体合作的精神,并决心必须根据各种科学诏告,推倒"心身分界之墙垣"。可见,他的体育思想贯穿着对人的关怀,蕴含着以人为本的思想内涵,具有浓厚的人文精神色彩。

然而,20世纪20年代,当时国内的一些有识之士开始日益关注自然主义体育思想,却缺乏研究关于体育理论与方法所需的材料。麦克乐是较早一批系统地将美国体育理论与方法引进中国的学者之一,对改变和摆脱民国初年"兵式体操"的消极影响起到了一定的作用。

---

① 吴蕴瑞、袁敦礼:《体育原理(第3版)》,勤奋书局1936年版,第61页。

另外，民国时期的体育教育缺乏有价值的体育教材，麦克乐在1916年至1921年间着手体育教材的建设，相继撰写出版了多部教材和著作。他认为体育教材和教学内容必须起到激励学生身心成长的作用。吴蕴瑞深得麦克乐体育教育实践的影响，坚持科学的态度和方法，进行大量的反复认真的试验，不能凭空推理与猜测，他边教边学，还主动到其他系科认真旁听与体育相关的课程，"教然后知不足"，不断地充实自己。1921年，南京高等师范学校更名为东南大学，吴蕴瑞利用业余时间在新成立的体育系攻读本科课程。1922年7月，在麦克乐的积极倡导下，中华全国体育研究会正式成立，成为民国最早的体育研究机构，吴蕴瑞和马约翰当选为干事。1924年，吴蕴瑞补读完成大学学分，获得学士学位。此后，他不断地更新自己的知识体系，也因此一次次走在体育理论创新的前沿。

三、收回体育主权

近代西方体育传入中国，充满竞争意识和对抗意味的西方竞技体育精神，与中国传统的体育文化发生激烈的冲突，这是西方近代体育在中国本土化必须历经的进程。中西文化不断地冲突和融合，也相应地推动了近代中国与国外体育赛事的发展，并且促进了各地体育组织的建立和发展。

基督教青年会以及教会学校开始有组织地在中国举办体育竞赛，早期以校际运动会为主，是非专业水平的竞赛。1890年，上海圣约翰书院开始每年在春、秋两季举行的田径运动会，是我国最早的田径比赛。于是，竞技体育运动自20世纪初期开始不断涌现。

譬如,"1905年,第一次大规模的公共田径运动会在上海基督教青年会的督理下,在一个巨大的露天场地上举行了。上海的所有大中院校都被邀请参加,而且所有的公众也都有机会参加这次公开运动会。通过青年会巧妙的广告宣传,人们都成群结队地前来观看大会,观众大约有5 000人"。① 基督教青年会相继组织了众多的体育活动和运动会,改变了当时大部分中国民众认为体育枯燥乏味的固有印象,这些大会和活动激发了民众的兴趣和热情,在观赏竞赛中,学界、政界和商界人士可以产生共同的动力和情感,为中国加油,点燃他们的爱国热情。

1910年10月18日至10月22日南京贸易博览会期间,在基督教上海青年会的影响和作用下,筹办了全国学校区分队第一次同盟会。这是旧中国最早的全国性体育组织。该组织是以青年会人士为主的临时性组织,当时有董事25人,其中,外国人12名,无固定会址、机构和组织系统,运动会一结束就自动解散。辛亥革命后,全国学校区分队第一次同盟会被视作旧中国第一届全国运动会。这次比赛的组织筹备主要由基督教上海青年会干事埃克斯纳负责操办,工作人员包括各城市青年会的英、美籍人士,运动会使用的各种文件和比赛术语都采用英语。参加这次运动会的140名运动员分别代表华北、上海、华南、吴宁(苏州、南京)和武汉5个地区。运动会设有田径、足球、网球和篮球4个大项,项目相对较少,对于运动员参赛没有

---

① 全国政协文史和学习委员会:《回忆马约翰》,中国文史出版社2017年版,第180页。

组别的限制。其中,田径比赛分为高等组分区赛、中等组分区赛和全国各校联合赛,采用团体计分的办法。各项总分最高的队为锦标队,授予银杯一座;各单项的前三名分别奖励金、银、铜牌一枚。

举办全国学校区分队第一次同盟会的影响深远,具有划时代的意义,它是促进全国体育开展的直接动因。一方面,这次运动会是旧中国第一次以奥运会模式和内容作为标榜来举行的运动会,使中国统一了国内体育竞技的标准,此后举办的中国各类运动会在仪式、内容和规则等方面,都逐渐缩小了与奥运会的差距;另一方面,它唤起了民众对体育的兴趣和热情,并以前所未有的规模和影响力在中国传播了奥林匹克理想。从此,中国体育开始与奥林匹克运动和世界体育接轨。

辛亥革命后,中国社会陷入军阀混战。尤其在北伐战争前后,中国社会掀起了收回教育权和体育主权的运动,确实需要成立一个全国性的体育组织来组织国内体育事业和参加国际体育赛事。之前旧中国最早的全国性体育组织全国学校区分队第一次同盟会,是以青年会人士为主的临时性组织,既没有固定的办公地点,也没有完善的组织机构。尤其是这一临时性体育组织会在运动会结束后解散。因此,近代中国体育在民众日益高涨的收回体育主权和自主办赛的强烈呼声中,逐渐走上自主发展的道路。

1919年,中国赴菲律宾参加第四届远东运动会(简称"远运会")时,组织混乱且战绩不佳。归国后,部分体育界人士和基督教青年会体育部联合成立了全国运动联盟。1921年,全国运动联盟利用第五届远运会在上海召开之机,于6月4日召开旧中国第一次全国性体育代表会议。会上,代表们一致同意成立一个筹建全国性体育组织的筹备会,并拟定了组织章程,选出由张伯苓、郭秉文、袁敦礼等 9 人组成的筹备组①,其中,有 3 名外国人。1922 年,由基督教青年会发起,在原全国运动联盟基础上成立了旧中国全国性体育组织中华业余运动联合会(简称"业联会",英文名称是 China National Amateur Athletic Federation)。"4 月 3 日下午两点半钟,在北京青年会的会所,开中华业余运动联合会正式成立会,并且又议决本年 5 月在武汉或南京,开一次全国运动竞赛大会,做提倡运动统一的发轫。"②这次会上推选的组织领导、设定的组织宗旨和组织机构等大多为之后的中华全国体育协进会所沿袭。

虽然中华业余运动联合会成员中有 6 人为中国人,但他们"对于会务,从不过问,且终年不开会,一切进行,均由书记葛雷博士就近向某委员略加咨询,断然执行"。③ 同样,"远运会"亦是如此。"自远东各国创办远东运动会之后,历届我国参加事宜,由伍廷芳、唐绍仪、王正廷、张伯苓诸君等主办,其组织系竞赛委员会性质,而对于实际办事技术方面,则由外人管理之。"④这样便使得各种运动会的组织筹备和会务管理权旁落在外国人手中,也直接酿成后续在中国爆发的"收回体育主权"风波。

1919 年爆发的"五四"反帝、反封建爱国运动,再加上 1922

---

① 陈明辉:《中华全国体育协进会研究(1924—1949)》,武汉大学出版社 2019 年版,第 13 页。
② 《中华业余运动联合会宣言》,《体育季刊》1922 年第 1 期。
③ 《全国运动会之反对声,南华体育协会不主参加》,《申报》1924 年第 14 版。
④ 沈嗣良:《中华全国体育协进会略史》,《体育季刊》(中华体协版)1935 年第 2 期。

年爆发的一系列"非基督教运动"和"收回教育权运动",诸多教会大学和基督教青年会成为众矢之的,基督教青年会体育干事退居幕后或纷纷回国。在"五四运动"的推动下,国人开始有了民族自决,收回"体育主权"的呼声日益强烈,我国体育界掀起了一场争夺体育自主权的斗争。

特别是基督教青年会外籍体育干事葛雷,担任过1921年在上海举行的第五届远东运动会的总干事。1923年他又以总领队的身份带领中国体育代表团参加了在日本大阪举行的第六届远东运动会,但结果除了足球外其他项目均铩羽而归。在此次远东运动会上,葛雷代表中国在运动会闭幕式上登台讲话,引起中国运动员、旅日侨胞和国人的强烈不满,此举被国人看作中国体育的奇耻大辱。此事持续发酵,体育界人士纷纷站出来批评中华业余运动联合会和葛雷,认为中国体育界人士必须改变"放弃责任"的态度,组织体育机关,自主办赛。正是在这样的时局背景下,1923年7月7日,中华体育协会筹备处在上海应运而生。

1924年,旧中国第三届全国运动会由"业联会"发起和主持,由葛雷代表中华业余运动联合会赴武昌协助旧中国第三届全国运动大会委员会工作。此消息传出,国内一片哗然。此时正值北伐战争高潮之际,反帝呼声正高。香港南华体育会、湖北商团总会、广东女子体育团等团体纷纷表示抵制,并强烈要求联合国内体育团体,组织全国性体育组织。中华体育协会筹备处也于同年4月22至23日在《国民日报》发表《复香港南华体育会函》和《征求对全国运动会意见》的通函,反对葛雷和抵制旧中国第三届全运会。随后,旧中国第三届全国运动会委员会在各大报刊登题为《全国运动会解释内容》的公开信,说明中华业余运动联合会仅为发动者之一,葛雷不过是工作人员。"这时,上海圣约翰大学体育教员兼申报体育编辑蒋湘青提出了对抵制的不同看法。他建议这届全运会由武昌委员会主持,同时借大会机会成立全国体育总机关。他还认为远东运动会的失败,归罪于葛雷一人似欠公平,蒋湘青的意见为大部分人所接受。葛雷也表示本次大会并非由其主办,将来事物当然归全国体协处理。"①

正如张伯苓所言:"此次举行第三次之目的,除去提倡国人之体育兴趣外,尚拟即促成中华体育协进会。盖当时在上海开会,前两次尚有人到会,而至将通过会章时之第三次会,竟无多人到会。但是格莱君常与吾函谓:'吾在会场中候三小时之久,竟未至一人。'吾闻之不禁深为叹息。吾人每谓与西人共事彼辈常揽权,其实因非由西人之揽权,实由吾人之责任心太少尔。且明年在菲律宾举行远东运动会,吾人于事前当如何措置?下次在中国举行时,吾人又应如何?均需有极精密之思考,始克有济。而吾人却只愿做旁观之批评,而不肯实际做事,此亦未免太无责任心也。"②

鉴于这种形势,这次"收回体育主权"的风波所产生的积极效应是显而易见的,它唤起体育界民族意识的觉醒,国人开始呼吁"中国的事由中国人办",在体育界得到了广泛传播,打破了之前一切由外国人办运动会的做法,促成中国有了自己正式的体

---

① 张天白:《中国体育协进会筹备成立始末》,《体育文史》1990年第6期。
② 张伯苓:《张伯苓:一人一校一国家》,中国文史出版社2019年版,第168—169页。

育组织。

1924年,中华全国体育协进会在南京正式宣告成立,标志着外国人控制中国体育的终结。自此,中国在众多进步人士和体育界的推动下,逐渐开始自主办赛。在1915年至1948年间,中国举办的国内以及国际体育赛事不断增多。譬如,1915年、1921年、1927年这三个年份,分别在上海召开了第2届、第5届、第8届远东运动会;1910年至1948年间,共召开了7届旧中国全国运动会;"标以'万国'名称的足球赛、篮球赛、竞走赛、马拉松赛、田径运动会等更是赛潮迭起"。[①] 这些体育赛事推动中国体育竞技水平的发展,逐渐向国际水平迈进。

四、中国有了自己的体育组织

如前所述,1923年,中国代表队赴菲律宾参加第六届远东运动会,除了足球外,其他项目铩羽而归,引起国人的强烈不满。许多体育界人士感慨此次远运会成绩之差,原因是中国没有推广和举办体育运动的组织,中国选手平时没有机会交流及做充分的准备。因此,远运会结束后,体育界人士认为必须改变过去放任自流的态度,迅速组织由国人自行管理的全国性合法的体育机关。于是,1923年7月7日,在上海由卢炜昌、唐少川、聂云台等人开始筹备召开中华体育协会的会议,"推选出20人为筹备委员,其中,卢炜昌等7人为筹备会执行委员。原定10月

---

① 上海图书馆:《老上海风情录(四)——体坛回眸卷》,上海文化出版社1998年版,第130页。

7日举行成立大会,后因到会者仅40余人,各团体代表尚未到齐,遂改开筹备会"。① 中华体育协会筹备处随即成立,经协商,决定在旧中国第三届全运会期间,号召全国华人体育团体积极响应,派代表赴会,举行成立大会。

因中国体育界得知"业联会"主持旧中国第三届全运会,并由葛雷负责会务事宜,各地体育团体及组织纷纷抵制。随后,中华体育协会筹备处立即发表声明:"中国事当由中国人办理。若仍照去年,以外国人主持中国事,则不如其己。"②鉴于圣约翰大学体育教员蒋湘青向中华体育协会筹备处致函,列举诸条事由,还有全运会筹备处的解释函以及葛雷本人发表的声明,这次"收回体育主权"的风波渐渐平息,中华体育协会筹备处也从抵制转为支持。1924年5月22日,中华体育协会成立大会如约在湖北武昌体育场举行,但是到场赴会人数不多,无果而终。5月25日,中华体育协会筹备处在湖北教育厅继续开会,与会者达80余人。会上各省代表赞同张伯苓提出的将中华体育协会与"业联会"合并,共同组织成立全国性合法的体育总机关的主张。接下来在具体事宜的讨论上,各省代表产生分歧,几至动武。后由张伯苓起立喝止,方才平息。"是时下午,'业联会'与中华体育协会筹备处召开联席会议,共有各省代表80余人。会上,众推张伯苓、卢炜昌2人为筹备委员长,遴选聂云台、沈嗣良、郝伯阳、王壮飞、柳伯英5人为章程起草委员,修改规定之章程,并计划乘中华体育改进社在南京开会之便,召集各省代表举行成立

---

① 《中华体育协会之昨讯开成立会未成改开筹备会》,《申报》1923年第14版。
② 《全国运动会之反对声,南华体育协会不主参加》,《申报》1924年第14版。

大会。"①

1924年，就职于东南大学并担任助教的吴蕴瑞，一边忙于教学，一边忙于攻读，补修完成大学学分。7月4日，中华业余运动联合会与中华体育协会筹备处趁中华教育改进社在南京召开之际，中华全国体育协进会成立大会在东南大学化学教室开幕。到会者有来自10个省的65人，公推张伯苓担任会议主席。张伯苓首先作报告，讨论章程草案。紧接着发言的是吴蕴瑞，他提议将章程逐条讨论，这一提议得到了与会66名代表的多数赞成。于是，当天的会议内容，就是按照吴蕴瑞的提议，逐条审议了章程部分关键条款。次日下午继续讨论，各区代表推选出张伯苓、郭秉文、陈时、聂云台、方小川、沈嗣良、郝伯阳、卢炜昌、穆藕初9人为董事。这9位董事均主张定名中华全国体育联合会，推选沈嗣良担任执行总干事，这个由众人参与筹备的正式体育组织在东南大学校园里宣告成立。后续又召开董事会，修订并正式公布《中华全国体育协进会简章》，正式将协会名称确定为中华全国体育协进会。

根据《中华全国体育协进会民国三十二年十月至三十三年十二月工作报告》中的记载，中华全国体育协进会成立之后，积极开展国内及国际体育事务活动，简要地概括如下：

首先，从国内方面来看，中华全国体育协进会发动各地体育界人士组织地区性体育协会；协助各地区举办华北运动会、华中运动会、华南运动会以及各地市运会；发行权威体育学术刊物《体育季刊》；举办第五届、第六届全运会；编印发行《裁判员手

---

① 《体育协会在鄂开会之经过为与业余会合并事》，《申报》1924年第10版。

册》《各国著名田径赛选手摄影姿势图》《中国代表团参加第十一届世界运动会报告》等;成立运动最高纪录审查委员会、成立运动规则审定委员会;为"远运会"举行预选赛、为奥运会选拔选手,组织训练委员会,集中训练第十一届奥运会选手等。

其次,从国际方面来看,中华全国体育协进会组织和开展的体育活动,虽面临重重困难,但也足够尽心尽力。1931年,中华全国体育协进会被国际奥委会正式承认为团体会员,成为旧中国的奥林匹克组织,行使国家奥委会的职能。先后举办的国际体育活动包括:"(1)主持中国参加第十届、第十一届世运会;(2)主办第八届远运会及筹备参加第七届、第九届、第十届'远运会';(3)组织体育考察团于第十一届市运会举办期间赴欧洲考察;(4)成立戴维斯杯选拔代表委员会,主持参加戴维斯杯网球赛3次;(5)主办上海万国运动会、万国足球赛、万国篮球赛等体育赛事10次。"[1]由此可见,虽然抗战前中华全国体育协进会经费受限,但回看我国体育事业的发展,其在推动中国体育以及国际体育赛事接轨等方面发挥了重要作用。

然而,这一切很快被突如其来的战争打乱。抗日战争爆发后,受日本侵华的影响,中华全国体育协进会被迫西迁至重庆。受时局和经费制约,会务近乎停滞。1941年2月,在重庆召开中华全国体育协进会董事会,推选董守义为副总干事。同年5月6日,中华全国体育协进会向国民政府社会部提出注册申请,呈奉社部令准予备案,颁发钤记,正式注册为社会团体。

---

[1] 张伯苓组织中华全国体育协进会呈请立案的文书,1925年10月,北洋政府内务部档案-00-(2)-1070,中国第二历史档案馆藏,转引自陈明辉:《中华全国体育协进会研究(1924—1949)》,武汉大学出版社2019年版,第28页。

中华人民共和国成立后,为"发展体育运动,增强人民体质",1949年10月26日,中华全国体育总会第一届代表大会在北京召开,决定将原中华全国体育协进会改组为中华全国体育总会,并选举冯文彬为体育总会筹委会主任,选举马约翰、吴蕴瑞等原中华体育协进会理事为筹备委员会副主任,积极筹建中华全国体育总会。1952年2月5日,筹备中的中华全国体育总会致电国际奥委会,宣告中华全国体育总会作为代表中国体育的唯一组织,即中国奥林匹克委员会。同年6月20日,中华全国体育总会第二次代表大会在北京召开。在这次会议上产生了中华体育总会领导机构,并通过了《中华全国体育总会章程》。由此,中华全国体育总会正式成立,成为中华人民共和国第一个全国性体育组织。

纵观中国体育的发展,中华全国体育协进会历经磨难,中国体育才能从无到有,从无机构到有组织,从国内到国外,从弱小到强大。新中国成立后,中华全国体育总会致力于联系、团结运动员和体育工作者,努力发展体育事业,普及群众体育运动,提高全民族的身体素质,不断提高运动竞技水平,为中国体育攀登世界体育高峰作出了巨大的贡献。

第 3 章
文化论衡：借他山之石

一、官费赴美留学

自鸦片战争后，西方铁蹄踏上东方土地，随之西学东渐之风盛行。在清廷日益腐败、江河日下之时，清廷朝野中一些思想开化的进步人士开始认识到东西方的差距，主张"师夷长技以制夷"的想法，以彼之道，还之彼身。于是便有了走出国门、留学西方、借他山之石可以攻玉的想法，以捍卫国土。

关于近代以来中国留学教育的肇始，有两种说法："一种认为，中国近代留学教育应从 1847 年容闳、黄胜、黄宽三人由传教士带往美国求学开始，这种留学具有个人、民间、自发的性质；另一种认为，中国近代留学教育应该从 1872 年清政府正式派出第一批幼童赴美留学开始，这种留学由政府组织并具有一定的规模和影响。"[①]不论是何种说法，都说明中国近代留学海外的教

---

① 张宝强：《留学生与中国体育发展研究（1903—1963）》，中国社会科学出版社 2017 年版，第 30 页。

育已成必然,这一趋势正是西学东渐之风改变当时洋务官僚的观念,清政府开始以官费形式派出学生赴美国、欧洲留学,揭开了中国官费留学的序幕。

19世纪末,中日甲午战争落败,清廷朝野认识到日本获胜主要得益于明治维新。从1896年起,中国赴日留学蔚然成风,达到了清末留学运动规模的最高峰,并产生了中国最早的一批体育留学生。留日体育生浪潮浩浩荡荡,究其原因:一方面因为路近费省,自费生占有很大比例,相对于赴欧美的留学生,留日学生可以有更多选修体育的机会;另一方面,清廷颁布《钦定学堂章程》和《奏定学堂章程》,规定中小学堂开设体操课,明确了体操课的地位,对体育设施、体育师资等形成了迫切需求的局面。因此,清末掀起留日体育生之风实际上是为满足当时中国社会和时局的现实需求。

大多数留日体育生都选择进入大森体育会求学。大森体育会是由中国留日学生中的民主革命激进分子于20世纪初在日本东京大森地区成立的革命性体育组织。黄兴就是该组织中的一员,他同组织中的其他人充分利用位于大森的日本体操学校(体育会身体练习学校)的场地设备,加上有大量的中国留学生在该校学习等有利条件,创建了该组织并逐渐壮大。一方面,大森体育会成为赴日留学的革命者学习军事和体育的重要场所,他们在中国资产阶级民主革命斗争中发挥了巨大作用;另一方面,在众多赴日的体育留学生中,不乏徐一冰、王金发、王润生、段雄等一批活跃的体育界知名人士,他们留学回国后相继扛起了"体育救国"的大旗。

1912年,中华民国成立,"中国的留学教育先后经历了南京临时政府、北洋政府、南京国民政府三个政权的更迭,再加上有两次世界大战、日本侵华战争的影响,和三次国内革命战争的情况"。① 社会动荡、时局复杂、留学政策多变,体育留学教育既表现出多元化的趋势,又体现出以留学美、欧等国家为主的特点。北洋政府曾在1916年颁布一部较为全面的留学教育管理法规《选派留学外国学生规程》,用以加强对留学教育的管理,实则是晚清留学政策的一种延续。从1912年至1929年间,每年以"庚子赔款"派遣至美、欧等国的公费留学生数量达到千名以上。五四新文化运动爆发后,留学教育进入一个空前活跃的时期,数以千计的爱国青年,抱着寻求救国真理、习得治国良方的美好愿景纷纷赴美、欧等国留学。

1924年,毕业于东南大学体育系,获学士学位的吴蕴瑞,得知"江苏省教育厅破天荒地为体育专业设置了一个留美学生名额。这是中国教育史上第一个官费留学体育的学生,报考者众多。吴蕴瑞脱颖而出,独占鳌头"。② 其实,在吴蕴瑞留美之前,已经有多位赴美留学研修体育之人,例如,宋君复曾以优异成绩考取公费留学美国,先在柯培大学物理系,后求学于美国春田学院体育系;张汇兰于1920年赴美留学专攻体育,先到密尔斯大学学习,1921年转入威斯康辛大学学习,三年后被调回金陵女子大学任教,1925年再度返回威斯康辛大学学习,先后又赴依阿华大学、缪尔斯大学、麻省理工学院等院校攻读体育、生物学

---

① 张宝强:《留学生与中国体育发展研究(1903—1963)》,中国社会科学出版社2017年版,第47页。
② 江阴市暨阳明贤研究院:《暨阳之星:江阴明贤传(第二卷)》,社会科学文献出版社2002年版,第227页。

和公共卫生专业,成为我国第一位体育女博士。可见,吴蕴瑞并非中国教育史上第一位赴美留学学习体育之人。可是根据吴蕴瑞在其发表的《我为体育界讲几句话》一文中提及:"留学生之考选,在军阀时代,文理兼顾,至革命成功,转重科学,公费留学,学文法者绝无机会,如清华庚款之考选留学都属理工两项,绝对轮不到体育。自有史以来,体育官费学额,只有十三年江苏派过一次,亦近一名。现在国内体育同志之留学回国者,前后有四十余人,莫不是由于自费,全赖家庭亲友之支持,勉强从事,国家未化一文。"[1]可以看出,当时国内对于体育极为不重视,体现在:其一,在一些中小学课程中体育课有名无实;其二,学校体育经费时常移作他用,对体育教育并未下足本钱;其三,转重科学,认为体育为不重要之课目,科学高于一切而然。鉴于当时这种普遍性漠视体育的境况,以官费资助体育留学生实属难得。因此,准确地说,吴蕴瑞考取的正是当年江苏省教育厅为体育专业设定的唯一一个官费赴美留学的名额。

那么,为什么说是体育专业官费留美名额呢?1924年,正处于北洋政府执政时期。民国初年,北洋政府公布《教育部官制》,确立了教育部的组织制度,设置教育司,下设留学科,专门负责留学事务。同时设立省级教育厅,专门下设科管理留学教育。之后又出台一系列留学派遣政策,对于特别官费留学政策涉及三项:"一是稽勋局派遣有功于民国的人员留学政策……;二是海军留学政策。政府沿袭了清末海军留学政策,对海军留

---

[1] 吴蕴瑞:《我为体育界讲几句话·中华体育》,《中华体育》1945年第1卷,第2—3页。

学生给予特别官费;三是派遣优秀教员出国留学进修政策。为加强高校师资队伍建设,民国政府教育部于1918年决定每年从大学和各类高等专门学校中选拔优秀教员赴欧美各国学习。"①以上提到的"特别官费留学政策",从时间上、用途上与前面提及的晚清"庚子赔款"留学政策延续使用的目的相吻合。可以猜测,吴蕴瑞获得江苏省在当年设立的唯一一个体育专业官费留美名额,这个官费资助款极有可能源于"庚款",并且下拨的留学"庚款"由当时的北洋政府批示。

吴蕴瑞自1925年至1927年在美国留学的费用来自北洋政府资助,从时间上来说,在当时各派军阀混战中,北洋政府已由奉系军阀张作霖暂时控制了北京政权。张作霖深知人才兴国的重要,不惜重资兴建东北大学,使东北大学成为当时国内办校规模较大的学校之一。张作霖办校的各院系急缺专业人才,求贤若渴的东北大学开始向四方网罗人才,同时决定派遣留学生去欧美留学,为日后东北大学兴办贮备贤能之才。因此,1924年北洋政府支持江苏省教育厅破天荒地设置一个体育专业赴美留学名额,为此举行了留学生考试,而吴蕴瑞刚好从东南大学体育系毕业,他报名参加留学生考试,从众人中脱颖而出,获得体育专业官费留美名额。可见,金榜题名的吴蕴瑞被北洋政府视为重点培养的专才,纳入人才储备的队列之中。在1928年发生的"皇姑屯事件"中,张作霖被日本人炸死,张学良子承父业,承袭东北大学校长一职,不仅招贤纳士,举贤使能,还建造了中国最

---

① 骆秉全:《我国近代体育学科留学研究生教育的发展与史学贡献》,《国家教育行政学院学报》2013年第4期。

好的体育场,使东北大学进一步蓬勃扩大。由此可以看出,吴蕴瑞的才学早已被张氏父子所知晓,这也可以解释为什么吴蕴瑞于1930年接受张学良的邀请,举家迁往奉天,成为东北大学体育科教授。

吴蕴瑞动身赴美留学的时间,准确地说是1925年春。当年已33岁的吴蕴瑞漂洋过海进入美国芝加哥大学医学院,主修《人体解剖学》和《生理学》,后转入哥伦比亚大学师范学院学习。他通过了严格的筛选,进入由体育系主任、美国体育理论界权威代表威廉士(J. F. Williams)教授主持的体育原理研究班,继续攻读硕士学位。吴蕴瑞这位来自亚洲的青年,颇受威廉士的赏识。在美国举办的一次名为"体育与健康教育之关系"的学术研讨会上,威廉士破例地带着吴蕴瑞作为助手。会内会外,他像海绵汲水似的吸收各方面的研究成果,拓宽了视野,开启了思路。由于出色地完成了修读的相关科目和研究课题,吴蕴瑞于1927年被哥伦比亚大学研究院授予教育学硕士学位。"吴蕴瑞在研究中发现,美国体育乃源于欧洲,其学理亦渊源于欧洲文艺复兴运动。他决心追本溯源,赴欧洲考察。美国的研究甫毕,他直接奔赴欧罗巴,先后到英、法、德等国,探赜索隐,广泛接触专家学者,收集资料,对运动力学的研究进入了一个新境界。他在考察德国陆军体育专门学校时,特地请专攻物理学的严济慈作翻译,共同探讨运动力学问题。他的见解深得外国同行的赞许,严济慈也深为他的精神所感动。"[①]在吴蕴瑞撰写的《运动学》一书的

---

① 江阴市暨阳明贤研究院:《暨阳之星:江阴明贤传(第二卷)》,社会科学文献出版社2002年版,第228页。

引言中,吴蕴瑞也对此段经历有过一些描述:"在法国陆军体育专门学校,仅有某体育教授,抱同样之见解。当时由吾友严济慈翻译,叙谈之下,颇为相得。"可见,吴蕴瑞赴欧美留学,用全副精神,勤勉求学,形成自身体育教育思想,寻得适合中国体育教育良方,回国后著成《运动学》一书。吴蕴瑞在著写《运动学》一书时,所形成的体育理论和体育思想认知,既得益于麦克乐的启蒙,也受教于威廉士的点播。吴蕴瑞曾说:"作者从事研究之初,承吾师麦克乐先生多方指导,铭感肺腑,特志以示不忘。"可以看出,吴蕴瑞对麦克乐十分敬重,两人已具有深交,吴蕴瑞已经对体操为中心的单纯生物观体育持有异议,而对以自然主义体育为中心的科学人文观体育有所传承。《运动学》被1990年出版的《中华体育之最》称为:"不仅在当时体育落后的中国视为首创,亦远远超过同期国外其他运动学著作。"①

总之,在北洋政府时期,时局动荡,政策多变,赴美留学的吴蕴瑞对这些国家体育的形成和特点进行详细归纳,积极寻求西方体育发展经验,借他山之石,学成回国,通过培养学生、著书立说,传播自然体育思想,对中国近代体育的发展和变化具有深刻的影响力。

二、接触自然体育学派

有学者认为"自然主义体育思想起源于18世纪中叶的欧

---

① 江阴市暨阳明贤研究院:《暨阳之星:江阴明贤传(第二卷)》,社会科学文献出版社2002年版,第230页。

洲,主要代表人物有卢梭、洛克等"。① 自然主义体育源于卢梭的自然教育观,而卢梭的自然教育思想决定了他对体育的关注是一种自然体育的思想方法。19世纪马克思唯物辩证思想诞生,德国很快接受了卢梭的自然体育思想,古茨穆斯(J. C. F. GutsMuths)、施皮斯(A. Spiess)是这时期德国自然体育的代表。

1901年,"美国哥伦比亚大学师范学院的伍德、赫塞林顿等人提出了名为'新体育'的自然体育思想,同欧洲的体操改革、奥地利的'自然体育'一起,成为19世纪末20世纪初体育改革的代表"②,并以美国杜威实用主义理论为依据,以美国威廉士著写的《体育原理》为标志,形成了一套完整的"自然体育"概念、理论和方法。自然体育强调的主要观点为:"体育就该以儿童的生物学和本能需要为出发点。以儿童为中心,要符合他们的兴趣,强调本能的冲动通过身体运动来教育人,并形成生活技能,善用余暇,从中获得乐趣,采用球类、游戏、走、跑、攀、爬等运动,促进儿童个性的自由发展。"③

苏竞存认为自然体育学派的代表人物是当时美国哥伦比亚大学师范学院体育系主任威廉士,他也是美国近代实用主义体育思想的主要倡导者,对世界近代体育科学的发展产生深远影响,形成了一整套自然体育的概念、理论和方法。然而,自然体

---

① 张细谦:《浅析卢梭的自然主义体育思想》,《体育与科学》1998年第1期。
② 张宝强:《留学生与中国体育发展研究(1903—1963)》,中国社会科学出版社2017年版,第184页。
③ 屈杰:《近现代中国学校体育思想形成过程中学风问题的反思》,《体育与科学》2005年第4期。

育思想最初是由基督教青年会派往中国的干事麦克乐,于20世纪上半叶传入中国。他将自然体育思想在中国的一些学校中逐渐传播开来。

麦克乐作为吴蕴瑞的第一任导师,他的体育主张在于注重通过体育教育培养全面发展的人,重视肌肉力量训练;他强调体育实践与学生身心相结合,融入运动生理学、解剖学等多学科知识;他十分重视教材编写,编纂了《体操释名》《网球》《篮球》等体育教材,并发表多篇系列文章;他还提出体育科学化的主张,先后编制了"竞技运动能力检验之用途及其分数表""体育审定标准""运动技术标准""测量肺部的研究""检查身体方法等"[①];麦克乐致力于体育教师和体育专业人才的培养。1916年,麦克乐任南京高等师范学校体育专修科首任主任兼教授。为培养体育师资,学校首次设立体育专修科,开设了为期两年的体育专业课程,招收学生23人,吴蕴瑞便是学生中的一员。麦克乐成为吴蕴瑞的第一位学术导师,对吴蕴瑞的人生影响很大,可谓是吴蕴瑞体育思想的重要启蒙者。另外,1919年杜威访华讲学,主要讲授实用主义教育思想,并宣传他主张的"教育即生活""儿童本位教育"的思想,在民国教育界产生了一定的影响。同年,五四新文化运动爆发,包括自然体育思想在内的新思想随着这股新文化运动浪潮,逐渐在中国体育学术界占有一席之地。吴蕴瑞在此求学期间,接触到来自西方的体育思想,开启了他钻研体育教育之路的决心。

---

① 转引自"行政院"体育委员会:《一百年体育专辑——体育思潮》,台北:"行政院"体育委员会2012年版,第35页。

1924年,吴蕴瑞获得江苏省教育厅设立的体育专业唯一官费赴美留学名额。1925年春,吴蕴瑞动身赴美。他在留学期间勤学善思、求真笃行的态度感动了威廉士,并得到威廉士的青睐,破例让吴蕴瑞作为其助手,与其一同参加在美国举办的"体育与健康教育之关系"学术研讨会,迅速为吴蕴瑞开阔了学术视野。吴蕴瑞在《体育原理》中曾对威廉士在"体育与健康教育之关系"学术研讨会上的发言回忆道:

"1927年1月,美国全国大学体育教授会议中,氏发表其高见。当时作者在场旁听,目睹氏与座间诸会员,攘臂奋舌,大施雄辩,足致全场拜服,握手称颂。氏之惊人之语,莫若'健康教育与体育非一事'(Health Education and Physical Education are not the same thing)、'体育不是为健康'(Physical Education should not be cincerned with health),骤闻之,真有令人难解之处,实则确有真理存焉。"①

吴蕴瑞十分敬畏导师威廉士,他对威廉士将体育教育与健康教育区别开来的观点表示赞同。吴蕴瑞对体育与健康关系的错误认识进行了批判。在谈到体育与健康教育之关系时说:"常人之见解,莫不以体育为手段,以健康为目标,二者混为一谈,甚有以体育划为卫生教育范围之内者,名词之混乱是以使实施方法生错误……健康教育与体育非一事,体育不是为健康。"他指出,我国体育界曾认为体育运动可以促进人体健康,却不知道人体是否健康,主要取决于生活方式、传染病预防和卫生习惯等因素。他说:

"故威廉士之体育与健康之说,较为稳健而概括。……吾国

---

① 吴蕴瑞、袁敦礼:《体育原理(第3版)》,勤奋书局1936年版,第167—168页。

从前有无数运动员,以为体育足以发达健康,生活之方法可以随意,传染病之防范,可以不加注意,结果健康破坏,体育之成绩亦因病而致退步。故欲体育进步,体育之外,尚须有健康教育,然后健康得保持,而体育之成绩亦得保持。"①

体育教育究竟为了什么?体育教育不只是为了健康,而是为了把体育视为一种育人的方式,发挥体育的教育功能。他认为要重视体育教育,还要注重健康教育,两者皆重要。可见,吴蕴瑞继承了其导师威廉士的体育思想,并结合中国国情,融合中国传统思想观念,形成体育观念,著书立说,成为我国近代著名的体育理论家。

吴蕴瑞在美留学期间的导师威廉士是自然体育学派的重要代表人物。威廉士在体育研究领域享有声誉,他能成为首位对自然体育的概念进行定论的人并非偶然。要知道第一次世界大战结束后,美国工业迅速发展,劳动力逐渐涌向城市,城市人口迅速增长。同时,工业化生产实行每日八小时工作制,这让人们娱乐休闲的时间增多,急需解决城市扩张与人们身体健康的协调发展问题。威廉士评价当时美国学校风行的德式体操和瑞典体操,是违反人本性的"非自然的"体操练习,尽管当时美国体育中的体操已经很大程度上被改造成美式体操,但几近于形式体操对于体育达成其教育目的从根本上是思维陈旧且存在弊端的,他认为:"这些体操练习对身体活动技巧的价值很小,而且有时是很有害的。"②他说:"将体育课程

---

① 吴蕴瑞、袁敦礼:《体育原理(第3版)》,勤奋书局1936年版,第171页。
② Williams, J. F., *The Principles Physical Education* (Third Edition), W. Be. Saunders Company Press, 1938, pp.280-281.

说成'身体的福利工作'说明,这里缺乏对获取健康以及体育的教育价值的正确评价。"①为此,威廉士勇于挑战权威和传统,公开批评带有军国民色彩的体操教育,呼吁民众参加自然的、带有休闲性质的运动。

同时,他认为"体育是教育的一种形式,它是生命(life)和生活(living)。人们从事体育活动,是因为这些活动所给予参加者的满足。它的一系列的活动,对参加者将附带产生(by-Products)健康、技巧、良好的身体姿势、力量、耐久力,这些很多常被认为是直接的结果,可是很少能够得到。体育,基本的,是一种形态,一种生活的方法(a Way 或译为一种习惯),是一种观点;附带的(incidentally),体育是一种表现(performance),是一种专门的技巧。给予前者基本的,后者附带的就可以得到;没有前者,后者很少能得到,或者会很早消失。"②可见,威廉士将体育与健康教育作出明确的区分,打破了以健康为至高目标的体育发展路径,两者既不完全重合,也不可能完全相互取代。"健康是体育的副产品……体育所产生的一切生理方面的作用,都是体育的副产品,体育最基本的是教育的一种形式,是生命和生活。"③

另外,威廉士认为:"体育应该奉献自己来表达处于社会主体位置的思想和需要,以及美国人民的意志,并且帮助他们获得

---

① Williams, J. F., *The Principles Physical Education* (2nd Edition), W. B. Saunders Company Press, 1932, p.65.
② Williams, J. F., *The Principles Physical Education* (3rd Edition), W. B. Saunders Company Press, 1938, p.273.
③ 苏竟存:《我国近代体育中的自然体育学派》,《体育文史》1983年第1期。

更为完善的思想,去认识到更为合适的需要,去拥有更为崇高的决心。"①因此,威廉士强调体育的功能以及在教育中扮演的角色,体育教育要能够适合儿童身心成长和社会生活需要,必须要培养具备充足知识与思想,既能适应生活,又为社会提供服务的公民。

威廉士自然体育思想的形成,受到欧博林学院教育的影响至深。创建于1833年的欧博林学院,走出4位影响美国20世纪体育发展的关键人物,分别是:青少年问题专家古利克(Luther Halsey Gulick)、美国"健康教育之父"托马斯·伍德博士(Thomas Denison Wood)、雷·纳什(Jay Nash)与威廉士。威廉士在此求学时期体育思想上的启蒙源于三个人:第一位是欧博林学院的院长亨利·邱吉尔(Henry Churchill King),他是一位神学家与教育家,主张身心一元论的教育理念与生活方式,对威廉士的体育思想影响深刻;第二位是弗雷德·尤金·雷纳尔多(Fred Eugene Leonard)教授,他对体育的认识广博,并与美国体育相结合,为威廉士日后的体育事业提供支持;第三位是查尔斯·W.萨维奇(Charles W.Savage),担任欧博林学院运动主管长达29年。他推动校际比赛的开展,强调体育运动要科学训练与专业训练,他的思想受到当时美国教育界进步主义思潮的影响。威廉士在其影响下逐渐从更宽泛的视角审视体育的社会化功能。

杜威是20世纪美国乃至全世界伟大的教育家,他的实用主

---

① Williams, J. F., *The Principles Physical Education* (*2nd Edition*), W. B. Saunders Company Press, 1932, p.26.

义教育理论影响广泛,"体育教育方面的见解并没有单独成册,而是散落在相关著作中"。[1] 威廉士的"体育思想受杜威影响至深,坚信实用主义的教育哲学,认为体育本质上就是教育,是一种通过身体的,完成人的全面社会化的教育"。[2] 杜威的体育教育思想价值主要体现在:他反对"轻身体,重头脑"的旧式封建教育思想,认为游戏是儿童时期主要的教育方式,儿童在游戏中发展器官,提高认知,自由成长;强调学校体育的作用,教师在教学过程中注意"身心一体"这个概念,体育也有利于培养学生的集体精神,改善社会风气;人民体质关乎国家兴旺,人民的精神意志是国家社会进步的动力,体育教育促进国家富强。

显然,威廉士的体育思想溯源于欧博林学院时期接触到的美国教育界的进步主义思潮,以杜威(John Dewey)、克伯屈(W. H. Kilpatrick)、桑代克(E. L. Thorndike)等人的教育哲学为给养,与同样毕业于欧博林学院并且提出"新体育"思想的伍德博士心照不宣,依仗哥伦比亚大学师范学院院长罗素(J. E. Russell)组建的教育研究所,威廉士逐渐致力于教育的职业化和专业化研究,并着手开拓美国体育教育改革,他的著作后来被体育科研工作者视为必读的经典。

吴蕴瑞求学时期正是美国体育教育革新时期。杜威的实用主义教育思想,麦克乐和威廉士两人的自然体育思想对吴蕴瑞的体育思想形成产生重要影响,以至于在吴蕴瑞的著述中经常

---

[1] 王惠敏、倪军、张宇等:《杜威体育教育价值思想、时代局限及现实镜鉴》,《北京体育大学学报》2018 年第 7 期。
[2] Williams, J. F., *The Organization and Administration of Physical Education*, Macmillan Press, 1992, p.10.

会出现这三个人的言论与思想。同时,吴蕴瑞以自然体育为基础,辩证地看待自然体育具有的积极影响和消极影响,并结合古今中外的历史背景和中国特殊国情,形成自身的体育观念。吴蕴瑞的体育观念的特质,就是当时西方体育思想在中国本土化的表现。

三、"土洋体育之争"

中国近代体育是从1840年鸦片战争到1949年新中国成立这段时期在中国流行和实施的体育。崔乐泉在《中国近代体育史话》中将近代体育分成两方面:一是中国本身固有的由古代延续下来的传统体育;一是由西方传入的近代体育。自近代以来发生在中国的"土洋体育之争",指的是围绕西方体育输入中国的过程,与包括武术在内的中国传统体育思潮相碰撞而引发过两次主要的激烈论辩。

究竟何为"土体育"?何为"洋体育"?《中国体育通史》(第四卷)载录:"所谓'土体育',习惯上是指以武术为代表的中国民族传统体育项目;所谓'洋体育',则是指由欧美传入的近代田径和球类运动项目。""土洋体育之争"实际上是当时各方关于中国是要坚持传统体育发展道路还是要走西洋体育的发展道路的争论。这一论战堪称中国近代史上不能遗忘的历史事件,它的成因和经历耐人寻味,给中国近代体育发展留下哪些历史意义和影响值得探索。要想揭开围绕中西体育、传统体育思潮与近代体育论战的历史迷雾,有必要先了解近代体育的起源。

(一) 西方近代体育的起源和流派

近代体育萌芽于西方社会。在漫长的中世纪历史长河中,人文主义因文艺复兴的到来而复兴,逐渐使西欧人冲破了神学禁锢并打破了古代权威的控制,引发了整个西欧的宗教改革浪潮,宣告了新时代的到来。人们的思想重获自由,并认为包括身体运动在内的娱乐不再是亵渎神灵的行为,他们开始对人本身、人体结构和人生意义有了新的认知需求。17世纪爆发了一系列科学革命,特别是在物理学和生物学革命的基础上,力学、数学和化学领域的科学研究方法越来越被广泛地应用于人类运动的研究中,人类对体育的意义和人体运动规律的认识渐渐清晰,初步形成了现代体育科学的完整体系。

可以说,这场发生在文艺复兴之后的体育革命,伴随着19世纪西方社会工业革命、资产阶级革命和城市化进程的不断发展,与形而上学相结合,激发了具有现代意识的人文主义者的理论兴趣、形式逻辑方法和工匠精神,探索人体的运动和运动规律,形成了新的体育生活方式,对人类的身体、健康、教育和生活都产生了深远影响。这一时期的学校教育也由贵族式的家庭教育向大众化教育转向。例如,博爱派教育先驱——德国教育家巴塞多(J. B. Basedow, 1723—1790)创办第一所博爱学校时,体育课首次被列为学校正式课程,并开创了"德绍五项"体操项目,即跑步、跳高、攀登、平衡和负重。这种体操形式的产生源于巴塞多将古希腊体操、传统骑士训练和民俗活动糅合在一起,整合成协调统一的体育手段,标志着学校体育内容的初步体系化。之后,博爱学派的继任者古茨穆斯搜集了古代希腊、罗马、德意志的运动项目和民间游戏，并将它们用于体操实践，从生理作用方面能够促进人体肌肉和四肢的锻炼，从教育作用方面可以通过强健的身体塑造完美的道德。由古茨穆斯著作的《青年体操》和《游戏》影响最大，他也被称为"近代体育之父"而载入世界体育史册，他的体操理论和实践为德国、瑞典和丹麦等国家的体操体系奠定了基础。

19世纪，西方社会的国民教育改革步入高潮，加速了体育手段的体系化和社会化进程，欧洲出现了体操运动热潮。以杨氏体操体系、施皮斯体操体系为代表的德式体操，以林氏体操为代表的瑞典体操，以及包括板球、网球、曲棍球、橄榄球、高尔夫球、射箭、游泳、登山、划船以及田径等具有竞技和娱乐属性的英国户外运动，一同构成了现代体育发展中最具影响力的三大运动体系，体育逐渐走出学校教育的培养范围，影响到社会。

正是欧洲的学校教育开始设置日趋规范化的体育课程，并随着课程化的完成，开启了制度化和科学化的体育之路。一批思想家和教育家投身体育教育之中，纷纷著书立说，奠定了体育教育理论体系的坚实基础，也促进了日后体育运动科学的产生，推动了现代体育的国际化传播。如法国著名的启蒙思想家和教育家卢梭（Jean Jacques Rousseau，1712—1778），推崇自然教育和自然体育思想，强调以培养"自然人"为目的，对儿童进行教育必须顺应人的本性、顺乎自然；瑞士著名民主教育家裴斯塔洛齐（Johann Heinrich Pestalozzi，1746—1827）主张和谐发展的教育理念，把体育看成人的和谐发展教育的一项重要内容，对塑造人格起到重要作用。他建立了一套和谐发展的课程体系，主要包括德育教育、智育教育和体育教育,尤其是通过体育教育把人自身潜在的天赋和生理上的力量全部激发出来;英国著名哲学家、社会学家、近代自然科学教育运动倡导者斯宾塞(Herbert Spencer,1820—1903)把进化论思想视为一切事物的普遍规律,崇尚功利主义的体育观,批判英国上层社会"虚饰重于实用"的风气。他的功利主义体育观主要体现在两方面:一方面,他提倡科学教育,认为体育科学教育是实现"完满生活"之首要;另一方面,他认为体育是人类生存竞争的需要。

19世纪后期,体育学术思想开始从过去以教育角度论及体育的层面独立出来,体育学科开始脱离母学科而独立发展,聚焦到体育理论或是体育原理的研究上来。美国教育家杜威以实用主义哲学为基础,强调教育的社会改造功能,认为学校即社会、教育即生长、教育即适应,重视让学生在活动和游戏中学会认知和获得经验。在杜威的实用主义教育哲学影响下,美国体育学界诞生了"新体育"思想,强调自然活动的重要性,关注点从个体健康转移到社会化教育层面,完成了对欧洲传统体育的本土化改造,代表性人物有:"古利克和伍德首先倡导了'新体育'的理念;作为伍德的学生,赫瑟林顿(Clark Wilson Hetherington)创立了'新体育(new physical education)'一词,是'新体育'思想的立论者;而威廉姆斯属于相对比较后期的学者,是'新体育'思想的集大成者。"[1]威廉姆斯接触了众多美国教育界的进步主义思潮,在"新体育"思想的影响下,他在体育教育上的认识逐渐超越

---

[1] 吕红芳、边宇:《美国"新体育"思想的历史解析与启示》,《体育学刊》2013年第2期。

前人，形成自然体育的思想；同时，他致力于教育的职业化和专业化研究，对美国体育教育产生深远影响，直接影响了20世纪世界体育的发展。

如果说卢梭、斯宾塞和裴斯塔洛齐等体育教育先驱，照亮了人类认识自身之路，杜威、威廉士等人则是让人们认清了体育既可以丰富人类生活，也可以体现人生价值的意义。吴蕴瑞赴美留学期间，受到了杜威实用主义教育思想以及自然体育学派思想的影响，回国后他结合中国的实际国情，以辩证的视角将西方近代体育思想在中国本土化。

(二) 近代体育在中国本土化的嬗变

体育这样一个诞生于西方的产物，在19世纪初逐渐开始国际化传播的进程。而近代体育传入中国，伴随着近代中国一系列的政治革命，体育因而也被打上深深的殖民主义烙印。

1840年鸦片战争以后，中国闭关锁国的大门被迫打开，西方列强要求清政府开放上海、广州、福州、宁波和厦门五处通商口岸，随之传入的包括西方先进的工业机器、西方的文化、宗教，逐渐使中国从农耕社会迈向了初级工业化生产的社会进程，直接冲击着中国人传统的思想观念。现代体育呈现出与中国传统体育冲突和交融的复杂情况。来自西方的传教士、军人和大量带有冒险精神的商人、外侨的数量日益增多，直至1910年，在上海，来自英、美、德、日、俄等30多个国家的外侨已达1.3万人。每逢节假日，西方人便开始举行各类比赛，这些西方移民者相继带来了足球、棒球、田径、排球和篮球等体育运动项目和体育活动。与此同时，基督教青年会对传播近代西方体育起了更大的作用,他们是西方竞技运动的传播者和组织者,以及早期体育师资和管理人员的培养者。至19世纪末期,西方现代体育逐渐走出外侨的圈层,开始在外侨学校和青年会的华人学生中开展。因此,以基督教青年会为主要载体的西方体育思想,通过基督教青年会紧密的组织体系在中国迅速扩张并奠定了基础。

诚然,从中国近代发展的历史视角回溯西方近代体育在中国的演变历程,可谓残华褪尽,满目疮痍,饱经沧桑,筚路蓝缕。鸦片战争后,清朝统治者和一些力主兴办洋务的开明官僚、进步知识分子遥相呼应,出现了主张"师夷长技以制夷"的洋务派,催生了19世纪60年代兴起的"自强""求富"的洋务运动。1861年,清政府专门设置了办理各类"洋务"的中央机构——总理各国事务衙门,他们希望通过改革内政、学习西洋、兴办工业、创设学校、编练新军,以此挽救岌岌可危的清王朝。洋务运动的兴起,促使近代中国开始接触并引进西方的近代体育。洋务派主张以强兵为目的,接受西方体育,引入西方的兵式体操。无论是当时军事学堂中的体操课,还是编练新军中推广的西洋体操,实质上都是为了练兵,以求体育强兵,这一时期并没有从体育本身去定义体育的价值和意义。洋务派注重操练的新军,包括湘军、淮军、新建陆军、自强新军等。第二次鸦片战争后,新军先后取代了原八旗、绿营的清军职能,成为维护晚清统治的主要力量。因此,在洋务思潮影响下的近代体育,是将"兵式体操"冠以体育之说,对于当时的国人还是一个朦胧的概念,并且从一开始就被打上了浓厚的军事烙印,结合当时的社会环境,呼吁民众强兵卫国,形成了人们的群体共鸣。但是,洋务派将西式体操正式列入新军的日常操练科目,从积极的方面看,也标志着近代中国开始学习西方体育项目,推进中国体育的变革。

1868年,与中国毗邻的日本爆发明治维新改革运动,使日本的国力日益强大。日本很快摆脱了殖民地、半殖民地的历史宿命,走上了资本主义的发展道路。在体育教育上,一方面,由日本政府派往欧美的留学生陆续归国,他们将近代西方体育运动的先进经验带回日本,使瑞典体操成为日本各学校体育教育的主线;另一方面,当时日本的一些传统体育项目也很盛行,学校体育制度呈现复杂且多元化的局面。

日本在中日甲午战争中战胜中国之后,洋务派编练新军人数几乎损失殆尽。清政府为了重新组织武装,在新军的西式编练体系中要求更加系统而广泛地进行兵操训练,这一决定加速了西式兵操在中国的本土化进程。自中日双方签订了《马关条约》后,日本获得巨额的战争赔款,在国力和军事实力上迅速增强,逐渐走上了对外扩张的军国主义道路,日本对中国早已虎视眈眈,加之西方列强的入侵,更加速了中国社会半殖民地化的进程,整个近代中国已呈豆剖瓜分之势。

在爱国救亡的危急形势之下,一些思想进步的爱国人士开始寻找新的救国救民道路。以康有为、梁启超为代表的资产阶级改良派人士掀起了维新变法运动,提出改革政府机构,学习西方的科学技术、政治学说和文化教育,传播新思想,致使西方近代体育流派的"新体育"思想开始出现。尤其是提倡废除科举制度,兴办新式学堂,在接触到西文西艺的同时,也为西方近代体育学说在中国的迅速传播创造了条件。与此同时,清廷于1902年(清光绪二十八年)颁布了《钦定学堂章程》,规定体操为学堂必修科。"1903年颁布实施了'癸卯学制',其中也全盘吸收了日本的军国民体育,在学校开设体操课,实施普通体操和兵式体操达近20年之久。"[1]这是中国近代第一个正式施行的新学制,兵式体操以法定的形式在官办学堂推广开来。"新学"中的体操,伴随着军国民教育的深入,体育思想在军事抗战、民族危机意识推广和"尚武"教育提倡等时代背景下得到加强,演绎为近代中国国家主义体育思想。

吴蕴瑞曾在《体育原理》中阐释日本体操在当时已列入课程之内,甚至包括各中小学。特别是中国体育留学生成批地从日本学成回国,建立体育学校,担任体操教师,一定程度上推动了日本体操在中国的广泛传播。

"1905年间,浙人徐一冰设中国体操学校于上海。他为日本留学生,介绍日本体操于中国。实则日本体操来自瑞典、德国。……当时江苏两级师范及浙江两级师范,均有体操专修科之设立,教员多籍属日本,故10年前中小学体育,所取教材,所用方法,悉带日本意味,从江南各省观察,实是不诬。至于北方则稍异。1905年间,天津保定设军官学校,聘德人为教练,继又聘日人为教授,两国教师,各以其祖国之体操方法教学生,故北方之体操,德、日参半。体操一课,其时已列入课程之内,与运动不同。"[2]

关于近代学校体育的实施,除了徐一冰等人在上海创办的中国体操学校,之前还有大通师范,创办者为日本留学生、革命志士、光复会会员徐锡麟、陶成章,他们共同在浙江绍兴创办,当

---

[1] 刘新兰、林生华:《从我国学校体育思想的发展轨迹展望21世纪学校体育》,《西安体育学院学报》1997年第4期。
[2] 吴蕴瑞、袁敦礼:《体育原理(第3版)》,勤奋书局1936年,第29页。

时只设体育专修科。1907年,秋瑾来到此学校主持过工作。从大通师范毕业的大部分学生后来成为辛亥革命中的骨干力量。吴蕴瑞在《体育原理》中针对近代学校体育教育进行了较为全面的分析,他对当时在教会学校提倡的体育运动与从日本输入中国的兵式体操在中国的普及程度予以比较,他认为教会学校运动推广不及日本体操,仅限于在中国的教会学校或是一些会员群体之间开展。而当时日本体操已经在中国各地各级中小学推广开来。吴蕴瑞也指出了日本体操在学校体育教育中存在的不足之处。

"日本体操,则通行于各中小学。然又因教材不合学生心理,20年来,体育毫无成绩之可言。试问今之受过学校教育而年过二十五者,孰未学过体操?若问其兴味如何,必将摇首而应之曰'乏味'。无他,异时、异人、异地之产品,决不适用于中国。今之学生好多事运动,以后体操一项,在体育课程中,恐难立足。"[①]

吴蕴瑞以更为科学的视野,客观地评价近代的中国,各种体育思想碰撞与交锋,要以异时、异地、异人去思考和评判,同时也感慨地发问:何种体育才能适应当下中国的现状并发展中国现代体育?

换言之,近代中国在民族危亡时刻,在爱国尚武思潮盛行之势中,体育本身承载了太多的不可承受之重,体育与社会责任、国家命运、爱国情绪连接在一起,阻碍国人对体育持有客观、理性的思索。在新文化运动的倡导与实践中,中国近代体育思想

---

① 吴蕴瑞、袁敦礼:《体育原理(第3版)》,勤奋书局1936年版,第29页。

是在不断地引入和模仿外来文化,不断地碰撞与融合本土文化的过程中演变发展,中西文化的持续对峙和冲突,也为日后"土洋体育之争"的爆发积蓄了火力。因此,"土洋体育之争"并非横空问世,恰恰是在历史的重要拐点对中国传统思想、文化的拷问和变革。

(三)"土洋体育之争"始末

1904年,日本与俄国为争夺在中国辽东半岛和朝鲜半岛的控制权,双方交战,日本获胜,日本一跃步入帝国主义列强之伍。这一结果改变了国人对传统体育的态度,相当一部分的国人认为,日本的崛起,其功在于传统体育使日本人由弱转强,日本推行武士道,习练的柔道则属于我国传统武艺的滥觞,由此引起重新认识传统武术、复振尚武之风的热潮。北京、天津、上海等地相继出现大量武馆和拳场。"更有人在《教育杂志》上发文,提出:中国之击剑、枪术、弓法、骑法等为最佳运动,主张作为学校体操课的内容,'以代西式体操'。"[1]多地的学校也闻风兴起,争相聘请武术教师,指导学校课外活动中的武术练习。甚至在各校的运动会上,也安排了武术表演。1910年,在上海成立的精武体育会,在北京成立的北京体育会,可以说明当时以武术为主的传统体育重新受到各界的重视,并引发传统体育的支持者开始对西方体育进行攻击和批判。

20世纪初的十年,资产阶级革命派发动了辛亥革命,推翻

---

[1] 熊晓正、陈晋章、林登辕:《从"土洋"对立到"建设民族本位体育"》,《体育文史》1997年第4期。

了清王朝,结束了中国的封建专制时代。受到西方民主思想的启蒙,民主共和的思想深入人心,西方体育思想开始被大量引进中国。然而,进入北洋政府统治时期,推行尊孔复古的逆流与当时民众渴望科学、民主的思想相悖,伴随着政治上复辟与反复辟的斗争,一场空前的思想解放运动——新文化运动使中国的许多方面发生翻天覆地的变化,推动了西方主张的民主与科学思想的崛起。其中,流传最广的是美国学者杜威,他来华讲学时宣传了以民主主义思想为基础的美国实用主义教育思想,并批评了传统教育的迂腐,提出了一些富有启发性的问题,发表了一些具有积极意义的主张。

此时的中国体育界正在兴起一场以"新旧体育""土洋体育"为争论焦点的"东西方文化"大论战。一方以基督教青年会派往中国的麦克乐、葛雷等体育学家和体育社团,以及吴蕴瑞、袁敦礼、方万邦等海外留学归国的体育学者为代表,他们积极传播融自然主义体育与实用主义教育哲学相结合的西方民主主义体育思想;另一方是对奉行传统体育、推崇尚武精神的军国民体育思想的传统体育学派,在民族主义和国粹主义的影响下,促进了代表传统体育意识形态的国家主义体育思想的形成。"土体育"和"洋体育"两大阵营的思想碰撞与对抗,纠葛与并立,成为新文化运动期间中国体育思想发展的主旋律,延续至五四运动及其之后的近20年间。

20世纪20年代及之前的"新旧体育"之辩和20世纪30年代的"土洋体育之争",尽管还是关乎中西体育的话题,但已经发生了重大变化。先是"以鲁迅、陈独秀对马良的《中华新武术》的批判为焦点,发生了鲁迅与精武体育会的陈铁生之间的笔墨之争"。① 就像一根导火索,引燃了20世纪上半叶中国近现代体育的"新旧体育"之争或称作"中西体育"大论战。这场论战并没有阻碍西方体育在中国本土的发展,恰恰引发了更多学人对其孜孜不倦地探究,甚至将"土洋体育之争"推向又一波高潮。如果说20世纪20年代的论战是围绕"体育真义"的探寻而火花四溅,发生在20世纪30年代的"土洋体育之争"则聚焦于探寻中国体育发展方向及路径的论证上。

关于发生在20世纪30年代的这次"土洋体育之争",学界基本上已达成普遍共识,直接导火索就是中国在第十届洛杉矶奥运会上的惨败。争论的序幕是1932年7月,北平《世界时报》发表社论,呼吁改革体育,"须寓体育于劳动之中",揭开了新一轮"土洋体育之争"。同年8月7日,天津《大公报》针对此事发了一篇题为《今后之国民体育问题》的社评,向体育当局进言:"夫欧美日本流行之运动竞赛,究之,乃有闲的国民之游戏事也。其最大妙用,在使青年学生余剩的精力时间,有所寄托,使其兴味集中于运动竞赛,免为政治斗争。""中国之体育问题,势须就本身另求出路,不必当东施效颦,更无庸羡慕彼等为也……""请从此脱离洋体育,提倡'土'体育!中国人请安于做中国人,请自中国文化之丰富遗产中,觅取中国独有的体育之道!请依国家社会今日之需要,以锻炼其所需之中国人!请使刘长春为最初的同时为最后的参加奥林匹克者!中国体育界,请决心负全国民保健之责,使数十年后,全世界向中国求养生之道!"②此文一

---

① 周道仁:《"土洋体育"之争的全球化观照》,《体育学刊》2007年第3期。
② 大公报:《今后之国民体育问题(社评)》,转引自《体育周报》1932年第30期。

出,体育界一片哗然,围绕着"土体育""洋体育"的价值及中国体育的方向等问题,反对者、赞同者纷纷发表自己的意见,形成了一场热烈的学术讨论。8月11日,中央国术馆馆长张之江致函《大公报》,支持该报的观点,大力宣扬武术的功效:"盖国术之用,不仅强身强种,且可拒寇御敌;既合生理卫生,又极经济便利;不拘于性别老弱,不限于时间空间;富美感,饶兴趣;锻炼甚便,普及亦易。"8月13日,《体育周报》(天津)撰文《体育何分洋土》批评《大公报》的立论是因噎废食。文章作者在列举了"洋体育"的好处之后,指出:"学术固无国界,体育何分洋土!?体育如有教育意义,不分洋土,自当采而行之;其不善者,立应淘汰,亦无须顾虑洋土。"①

吴蕴瑞在发表的《今后之国民体育问题之我见》文章中,对《大公报》社评文章中关于"竞赛运动,损害健康,费时耗财有废止之暗示"和"'土体育'节时省财,却病延年,可保卫国治产之目的"的两点言论提出疑问。他说:"近世科学发达,不论何种结论,须有科学之根据,或根据自然科学之实验,或根据社会科学之统计,体育既属社会科学又属自然科学,故体育之种种问题,须由实验统计之方法解决之,稍具科学知识者,莫不赞同。"②这是吴蕴瑞针对《大公报》文中提及"竞技损害身体健康"的结论,委婉地批评作者缺乏现代科学常识,未有确凿的证据。而"吾国各体育家现以普及体育为共同之目标,所有教材岂仅竞赛运动一项而已。凡主张偏重竞赛运动者,大都为少数不明体育之徒

---

① 体育周报社:《体育何分洋土》,《体育周报》1932年第28期。
② 吴蕴瑞:《今后之国民体育问题之我见》,《天津体育周报》1932年第33期。

尔,不足为体育家病也"。① 吴蕴瑞从客观的角度对以竞技作为体育目的的观点予以批判,意在矫正少数人从事竞赛运动的缺憾,强调体育绝不是少数人的运动,主张推行全民体育,促成体育普及化。同时,他认为对"洋体育""土体育"不能简单地划分优劣,而是要从每个个体和社会需求出发,换言之,应该以是否适应个性发展和能否适应社会需要作为选择正确体育方式的原则。

随后,谢似颜撰文《评大公报七日社评》猛烈批评《大公报》。首先,他批评《大公报》吹捧"土体育"的养生功效是妄自尊大,文中他引述前人智慧:"'中国先民之遗产,于治病不足,养生则有余'……试问病是哪里来的? 除一时流行的传染病外,所有疾病都因是养生的不足,因通常疾病的起因,不是一朝一夕的起来的,那是渐渐儿积起来的……"② 此外,他还认为体育的目的不仅是养生、健身,也不是为了使军事化和劳动化成为体育运动的唯一目的。

就在各方借助各种报刊发表意见,唇枪舌剑、笔战正酣时,恰逢旧中国第一次全国体育会议在南京召开。此时的日本侵略者侵占了中国东三省,妄图在华北建立伪满洲国。国民党奉行"攘外必先安内"政策,消极抗战,中国已四面楚歌,国民生活处于水深火热之中。在这种背景下,国民政府急切需要通过体育运动和赛事活动,号召全民参加体育活动,来振奋民心、强国强民。体育活动更加具有国民化、大众化、生活化、平民化、趣味化

---

① 吴蕴瑞:《今后之国民体育问题之我见》,《天津体育周报》1932年第33期。
② 谢似颜:《评大公报七日社评》,《体育周报》1932年第30期。

的特征。在旧中国第一次全国体育会议上,争论的话题围绕着体育精神、体育建设、运动规则、体育经费、国术地位等问题展开。随后,在会议通过的宣言中反映了一些观点和看法:"为我国新体育发动,开始不分新旧中外,为今后新体育之新旗帜……。凡不背科学原则,及适合人类天性之种种体育活动,不以其来源之不同有所轩轾,要皆根据此标准,各取其长,而一律提倡之,……故本会议为我国体育前途计,深望全国国民,对于各种身体活动方法,抱择善而从之态度,毋分新旧中外,咸立于今后新体育旗帜下,促国民体育之猛进。"①

然而,会议宣言的内容再次引发政府官员、教育界、体育界乃至一些社会名流就"土洋体育"问题进一步的广泛讨论。程登科、袁敦礼、吴蕴瑞、谢似颜、章辑五、邵汝干、陈果夫等都就如何发展中国体育提出了自己的观点,这反映了当时国人体育自觉意识的增强。

旧中国第一次全国体育会议综合各方意见之后,由吴蕴瑞、袁敦礼和郝更生三人联合起草了《国民体育实施方案》,并在全国体育大会中获得讨论通过。其中,在方案的第三部分"推行方法"中提及:"体育研究机关,应有下列数种……设立中央体育研究所。文化基金会设体育讲座,资助体育研究工作。指定国内教育研究及实验机关添设研究体育部分。选择模范城镇及乡村为体育试验区。增设国术馆。"②特别是在具体推行事项中再次提及:"关于国术之原理与技术,应集全国国术专家与体育专家

---

① 《全国体育会议宣言》,《申报》1932年8月22日第11版。
② 吴蕴瑞、袁敦礼、郝更生:《国民体育实施方案》,勤奋书局1933年版,第5—6页。

共同研究普及之办法。"①可见,该方案已体现了多年来"土洋体育之争"持续论战所达成的阶段性共识,即中西体育应"兼收并蓄、并行不悖"地发展。"国内体育家对于国术应加以深切之注意与研究,而国术家对于近代体育及其基本之学科亦须有相当之认识,此实为发扬及研究国术之必要途径。"②

这次取得的阶段性共识意义深远,吴蕴瑞在《体育原理》中进一步讨论体育与国术的问题,以期能够从科学的角度消弭"土体育"与"洋体育"之间的纷争,以更为折中的方式发表见解,力图寻求中国体育教育良性发展的路径。

"体育之范围至广,而其所包括之活动亦至多,国术不过其中之一种活动尔。其在体育上之地位,犹拳术及角力之在体育上之地位也。近来各国术专家,以为国术为国粹,既可锻炼身体,又可训练自卫技能,在民族史上有固定之价值,应在各级学校特别提倡,替代体育上他种活动。是实未明体育与国术之内容与性质及其二者之功能也。学术无国界,国术对于形式之陶冶方面、技巧发展方面、身体发达方面,若能贡献一切,则不但中国人应以代体育,外国人亦可以之代体育也。不观夫日本之柔道乎,其基本方法,出于中国之摔角,不过加以系统之组织尔。今已由欧美各国采为体育上之活动,然则国术而加以根据科学之研究,系统之组织,欧美各国亦将步柔道之后尘,而采用之矣。若其功能不过为体育功能之一部,则中国本国,亦不能因其为国粹以代替体育。况现在国术之材料,尚未经科学之研究,教学之

---

① 吴蕴瑞、袁敦礼、郝更生:《国民体育实施方案》,勤奋书局1933年版,第6页。
② 杨祥全、杨向东:《武术体育思想史简论》,《体育文化导刊》2009年第2期。

第3章 文化论衡：借他山之石

方法,尚未有心理之根据,及其适合何级学校学生?效果究竟到何方程度?在体育之全体分量中应占若干成分?诸问题尚待解决。国术之课程标准,尚无从定起,以之代替体育之说,为期更远矣。"①

显然,吴蕴瑞对于"土洋体育之争"的看法,并不是简单地比较并分出个谁优谁劣,而是从更高的视野看待中国体育发展问题,明确中国体育教育的目的。留学的经历让吴蕴瑞开阔了学术视野,学贯中西让他客观地看待西方体育思想和中国传统文化之间的异同之处,探寻近代以来西方体育在中国本土化的发展路径。他始终坚持中西体育应兼收并蓄,可现实中却始终存在"土体育"和"洋体育"的争论。为此,他在1935年发表《体育之国界问题》一文,意在论证体育之国界问题,并在文中分析参与论争的闭关主义和开放主义的两派主张：

"一派为闭关主义,以为外国之体育宗旨,体育系统,体育方法,以及体育活动,绝不适用,不能藉以资借镜。凡属本国者,不问新旧,不论宜否,均应保留,一以保存国粹,一以维持国魂。第二派为开放主义,以为人类为一元,身体之构造,生理之功能,发达之需要,心理之要求,对于体育方法与活动之态度等,不论黄白红黑棕,莫不相同。国境为人为之界限,可从交通之便利,文字言语之沟通,意见思想之调和,进世界于大同。以故体育之宗旨制度系统方法及活动,各国可以通用,不能以国家之界限而分畛域。"②

---

① 吴蕴瑞、袁敦礼：《体育原理(第3版)》,勤奋书局1936年版,第179—180页。
② 吴蕴瑞：《体育之国界问题》,《教育丛刊》1935年第2期。

吴蕴瑞认为,无论是闭关主义还是开放主义,两者都有误处。两派最大的误谬之处在于都抹杀了一部分事实,而走向极端主张。此问题的讨论既不能以其国粹而提倡之,也不能因其泊来而鄙弃之,当以其是否合乎生理、心理及个人社会的需要而决定取舍的方针。可见,吴蕴瑞的体育思想对促进中国体育整体化发展,以及如何正确认识西方近代体育在中国本土化的问题,具有深刻的指导意义。在此之后,我国体育学者方万邦、邵汝干、程登科等人在总结前一阶段"土洋体育"论争的同时,也深入探讨了中国体育发展的方向和政策问题,就建设"民族本位体育"达成共识。在具体的施行方式及策略上,仍然存在着体育教育平民化与体育军事化两种体育观念的分歧。

总之,这场旷日持久的"土洋体育之争",随着旧中国第一次全国体育会议的结束,并讨论通过了《国民体育实施方案》,暂时确定了近代中国体育发展的现实路径。至此,这场持续多年的关于体育真义和探寻中国体育现代化发展方向及路径问题的争论渐趋平息,加之战争乱世,争辩之音渐行渐远。可以说,中国体育的发展伴随着近代中国从文化抗争到文化融合的过程,在外因影响和内因的驱动之下,最终选择了体育科学化、体育学术化和体育人文化的道路。

第4章
体育师表：精神儒者　行动强者

一、广结善缘：遇莫逆之交

1927年10月，吴蕴瑞回国，被南京国立中央大学聘为教授，兼体育科系主任，时年35岁，开启了他长达半个世纪的高等体育教育生涯。说起国立中央大学的历史，其近代校史肇始于三江师范学堂，由张之洞署理两江总督时期于1902年创立。之后，三江师范学堂一分为二，分别为两江师范学堂和南京高等师范学校。如前所述，吴蕴瑞于1915年12月从苏州师范学校毕业后，于1916年年初考入南京高等师范学校二年制体育专修科，成为当时中国第一所高等体育专业教育的首届学子。1918年9月，著名教育家郭秉文接任南京高等师范学校校长，吴蕴瑞从基督教青年会开设的体育干事训练班结业后，回到南京高等师范学校体育专修科任助教。

1919年，《新教育》发表了一篇题为《南方当急立大学》的评论，急切呼吁在长江流域设立一所国立大学。1920年4月7日，郭秉文在南京高等师范学校的校务会议上正式提出《拟请改本校为东南大学案》，即"在南京高等师范学校校址及南洋劝业会旧址建立东南大学"的建议。经过讨论，与会者一致赞成，并决定组成大学筹备委员会。该会通过四次讨论，拟具了初步计划。

1920年9月初，郭秉文亲自前往上海，他深知仅凭南京高等师范学校一己之力说服政府实属不易，若联合商界、教育界一些有影响力且热衷于教育的贤达人士支持，便可说服政府获批创校申请。商得张謇、蔡元培等9位先生作为共同发起人，加上郭秉文，共10人，联名致书教育部，建议在南京添设大学，拟写的文书内容如下：①

"敬启者：案奉大部。函开，接奉来函：关于南京添设大学一案暨计划书各件均悉。查建设国立东南大学，本部早有此议，唯限于经费，未克实行。今承荩筹，拟就南京高等师范学校校址及南洋劝业会旧址，建设南京大学，以宏造就。本部极表赞同。唯查所拟进行计划，自10年度起，南高师停止招生，俟旧有学生全体毕业后，即将南高名称取消。目前虽大学与高师名目并存，而实际无异停办高师，专办大学。此与本部原定大学校系统不无出入。查南京高等师范原设有教育、农、工、商各专修科，程度较高，范围较大。如将以上各科改归大学，而留南高师本科照旧赓续办理，既可谋大学速现，复与现行学校系统不相抵触，似较妥善。即希分别商订办法，再行送部酌夺等因。奉此。谨如命改定，将南高师原有之教育、农、工、商4科改归大学，并与高师会商，就9年（1920年——著者注）度预算临时费项下，撙节指

---

① 王德滋：《南京大学百年史》，南京大学出版社2002年版，第65—66页。

拨 81 000 元,以充大学筹备开办经费。相应请缮一份,备函送呈台鉴。只希裁夺施行,实为公便。

专肃敬颂

公安

王正廷　沈恩孚

蔡元培　蒋梦麟

张　謇　穆湘瑶

江　谦　郭秉文

袁希涛　黄炎培等

谨敬"

经过郭秉文一番游说接洽,先后争取到多位社会名流作为国立东南大学发起人,旋即在学校日刊《国立东南大学缘起》和《申报》上登载文章,宣言建校之理由及急迫之心情。"以南京高等师范学校之专修科并入,名之曰国立东南大学",并力陈"在南京创办东南大学,其利有十"。在"利在经济"方面的表述,既务实又颇具灵活变通之策略:新建一校,万事从头来,头绪繁杂,购地造物、图书仪器等所需费用"尤为不赀",可如果在南京建校,已有南高师所创之业及南洋劝业会场之地,"虽乏巨款,亦易着手",且海内外热心教育之富豪看见"术业益进"的新建大学,"必尤乐出巨金以助斯校",并郑重地提出了"政府社会合力并筹"的美好展望。①

1920 年,经过漫长的争取,国务会议终于通过了南京高等

---

① 左惟、袁久红、刘庆楚:《大学之道——东南大学的一个世纪》,东南大学出版社 2002 年版,第 7 页。

师范学院筹建国立东南大学的议案。东南大学开始以南京高师有关的系科为基础,在原校址上扩充改建。建成后的东南大学是当时南京最早的国立综合性大学,并效仿美国大学的办学模式,设立校董事会治校,意在渠道多元化地筹集办学经费,开国内近代国立大学设校董会的先河,搭建了东南大学与社会的联系桥梁。"推定袁希涛、沈恩孚、黄炎培3位教育家为办事校董",协调各方办事;"聂云台、穆藕初、钱新之3位实业家为经济校董",联络各界富绅筹钱。在校董事会的积极运作下,东南大学日益蓬勃。遗憾的是,随着国内政局动荡以及校董事会自身制度设计的缺陷,并未善使令终。在"东南大学1926年新修订的组织大纲中不再有'校董会'的字眼,中国公立大学'校董会治校'的唯一实践彻底退出历史舞台"。①

这一时期,美籍教授麦克乐担任东南大学体育系主任。吴蕴瑞利用业余时间补修本科课程。1924年他获得学士学位后,考取江苏省教育厅为体育专业设置的唯一一个赴美留学名额。吴蕴瑞在美国留学期间领会到美国体育科学之路源于欧洲,其学理也渊源于欧洲的文艺复兴运动。为追本溯源,他于哥伦比亚大学获得硕士学位后,又前往英、法、德三国考察体育,并在德国考察时学习德文,在游学欧洲期间广泛地接触国内外相关学者专家,收集资料,潜心研究,并对运动力学的研究进入一个崭新的阶段。

1927年4月18日,南京国民政府成立。出于"首都大学当

---

① 姜平波:《"公办民助":国立东南大学教育思想的首创及影响》,《东南大学学报》(哲学社会科学版)2021年第5期。

立深远之规模,为全国之楷模"和"振新全国之耳目,肇办完备之学府"的通盘考虑,教育行政委员会于同日明令规定,以东南大学为基础,将河海工科大学、江苏医科大学、南京农业学校等9所江苏境内的专科以上的公立学校合并,并组成国立第四中山大学。此阶段的教育学院设教育学系、师资科、体育专修科、艺术专修科、军事教育科,院长为郑宗海。1928年2月29日,国民政府大学院大学委员会发布训令,将国立第四中山大学改名为江苏大学,引起全校师生的普遍反对。① 同年5月,又改名为国立中央大学。"中大成立之初,设立自然科学、社会科学、教育、文学、哲学、工、农、商、医9个学院33个系科。"②更名为国立中央大学后,设有文、理、法、教育、农、工、商、医8个学院。这种设定达到了1929年7月26日国民政府公布的《大学组织法》中所作的"大学分文、理、法、教育、农、工、商、医各学院"规定的上限——8个学院的规定。这表明中央大学已是全国学科最全、规模最大的综合性大学,同时也是南京国民政府执政的20余年间唯一设有7个以上学院的大学。

国立中央大学成立后的教育学院内下设教育学、教育心理2个系,体育、艺术教育、卫生教育3个科。吴蕴瑞自1927年10月留学回国后,遂获聘国立中央大学体育科教授兼系主任。当时,国立中央大学体育系与国立北平师范大学体育系的实力旗鼓相当,民间便有"北师大、南中央"之说,两者皆是引领近代中国体育发展的风向标。

---

① 刘鹏、顾渊彦:《国立中央大学体育教育之研究》,《中国体育科技》2008年第3期。
② 同上。

吴蕴瑞在国立中央大学体育科执教期间，遇到了他人生中的挚友——徐悲鸿。徐悲鸿于1928年留法回来后受聘于国立中央大学，担任艺术教育专修科教授。两人同在教育学院，后学院调整系科，吴蕴瑞是体育系主任，徐悲鸿是艺术系主任。吴蕴瑞治学严谨，不仅长于体育理论，还非常热爱艺术，对戏曲、音乐有爱好，赴美留学期间曾公开表演过弹琵琶与古筝，在书画方面造诣更深。吴蕴瑞与徐悲鸿两人性情相契，志趣相投，遂成莫逆之交。

"悲鸿擅画马画狮画鸡，麟若（吴蕴瑞的字）则画牛画兰画竹，还十分用功地临摹古人山水画，尤对'元四家'着力，故两人有过多次合作。"[①]吴蕴瑞与徐悲鸿经常切磋丹青，吴蕴瑞的画技经徐悲鸿的指点后更进一层。为绘画精妙，吴蕴瑞特意从朋友吴徵处借来一架望远镜，连续多日到鸡鸣寺细心观察小鸟在枝头的各种动作神态，一站就是几个小时，假日去农村深入生活，从各个不同的角度观察牛的形态动作，为书画界所推崇。尚有"徐悲鸿的马，吴蕴瑞的牛"之说。至今，泰山岱庙仍存有他的墨宝。

吴蕴瑞与徐悲鸿的交谊甚笃，源于彼此之间诸多的共同点：首先，两人年龄相仿，吴蕴瑞生于1892年，徐悲鸿生于1895年，吴比徐年长3岁；其次，两人都有海外留学的经历，吴赴美国哥伦比亚大学留学，徐则留学于法国巴黎国立高等美术学校，两人留学国外，均借他山之石后，开阔了视野；再次，两人都生于江

---

① 蒋和鸣著，吴青霞艺术院编：《龙城女史：吴青霞》，上海书画出版社2020年版，第101页。

苏,吴是江阴人,徐是宜兴人,江阴与宜兴在民国之前同属常州府,可谓同乡;最后,两人彼此酷爱书画,切磋丹青,相互砥砺。"徐悲鸿素称自己是'爱画入骨髓'的'艺术斗士',他也称赞吴蕴瑞是'爱画尤入骨髓'的体育名家。"①两人深厚之友谊长达25年,在许多画作的提款中便可见两人的真诚相惜。

在吴蕴瑞珍藏的众多徐悲鸿画作中,特别有一幅名为《负伤之狮》,该作创作于抗日战争期间。1937年"卢沟桥事变"之后,日本全面发动侵略中国的战争,国立中央大学被迫西迁至山城重庆。同年11月,中央大学于重庆复课,吴蕴瑞与徐悲鸿留寓重庆继续执教。12月13日,日本全面进攻南京,日寇制造了震惊中外的"南京大屠杀",消息传来,徐悲鸿和吴蕴瑞怒火中烧,悲愤至极。转眼已是1938年新年到来,中国抗战局势愈发紧张。1月上旬,农历戊寅除夕之日临近,吴蕴瑞与徐悲鸿两人聚首,谈论国难民情之时,徐悲鸿十分悲愤,即兴挥毫,抒发爱国情怀。画作中的雄狮,已成负伤之狮,回首翘望的神情尽显愤怒与悲壮,双目之中积蓄着坚毅的力量,时刻准备着战斗与拼搏,笔墨挥毫之间勾勒出兽中之王的雄姿,显示了一个饱经伤痛却奋勇反抗的战斗者风骨。在一旁凝神观看的吴蕴瑞连声称妙,叹为稀世精品。徐悲鸿随即在右上角写下题识:"负伤之狮,廿七年岁始,国难孔亟,时与麟若先生同客重庆,相顾不怿,写此聊抒忧怀。悲鸿。"可见,已是中年的两人忧国忧民的爱国情怀在此刻宣泄而出,跃然于纸上,君子情谊,患难与共。

---

① 蒋和鸣著,吴青霞艺术院编:《龙城女史:吴青霞》,上海书画出版社2020年版,第147页。

不久,徐悲鸿欲资助爱徒赴法国留学深造,于 1943 年在重庆中央图书馆举办个人画展,画作展出共一百幅,"以每券 50 元一幅在展厅抽号,对号取画,以冀筹集画款 5 000 元。当时 50 元对于普通阶层来说已不是一个小数目,即便堂堂大学教授的月薪也大多只在 150 元至 300 元之间"。①"但由于当时控制文化界的国民党人士张道藩等抵制和破坏,开头几天,参观者都不敢购买。"②"吴蕴瑞闻讯后随即赶往展览会场,带头认购"③,"率先独购四十幅。此举引起震动,随之,观众纷纷争购,很快一抢而空"。④"吴蕴瑞遂又决定将这次展览会剩余画作全部买下。"⑤吴蕴瑞慷慨相助,令徐悲鸿非常感激。

"徐悲鸿一生坎坷,在他生活拮据,特别是患病期间,得到吴蕴瑞多方关照。"⑥患上肾炎的徐悲鸿,身体极为虚弱。吴蕴瑞时常买水果、食物前去探望,让家人烧好菜饭带去徐悲鸿的寓所,让他食用,以滋补身体,这些关怀让徐悲鸿在困厄中感到安慰。

徐悲鸿尤十分感念吴蕴瑞的多次出手相助,吴蕴瑞则倾力支持徐悲鸿的艺术,先后收藏悲鸿画作 70 余幅,且多为精品。徐悲鸿赠予他颇多名作,如《奔马》《黄岳风雨》《食草之马》《历史

---

① 蒋和鸣著,吴青霞艺术院编:《龙城女史:吴青霞》,上海书画出版社 2020 年版,第 149 页。
② 张觉非、方国英:《吴蕴瑞与徐悲鸿的友谊》,《体育文史》1983 年第 3 期。
③ 蒋和鸣著,吴青霞艺术院编:《龙城女史:吴青霞》,上海书画出版社 2020 年版,第 149 页。
④ 张觉非、方国英:《吴蕴瑞与徐悲鸿的友谊》,《体育文史》1983 年第 3 期。
⑤ 蒋和鸣著,吴青霞艺术院编:《龙城女史:吴青霞》,上海书画出版社 2020 年版,第 149 页。
⑥ 张觉非、方国英:《吴蕴瑞与徐悲鸿的友谊》,《体育文史》1983 年第 3 期。

画之困难》《九方皋》《五骏图》等。

1946年,抗战胜利后的中央大学将复迁南京,教育部任命徐悲鸿赴北平国立艺专担任校长一职,老友分别之际,徐悲鸿鼓励吴蕴瑞在重庆举办生平中唯一一次个人画展,徐悲鸿为挚友写了《吴麟若画展》一文:

"江阴吴蕴瑞先生麟若,以名体育学家而酷嗜艺术,而爱画尤入骨髓。四十以后,始试学画,竹师造化,以竹为师,所诣清逸,卓然独到。渐渐扩大领域,写花卉鸟兽,其中尤以梅花芙蓉家鸭水牛为有精诣。盖先生勤于写生,所作悉以自然为蓝本,不尚工巧,惟务真实,此乃业画者之难能,而先生毅然行之,是识孔子所谓知之好之而乐之者也。先生文雅善草法,初研阁帖,继好怀素,心摹手追,不遗余力,当世舍于右任先生外,殆未见于草法如先生之笃行者,其佳者直逼四十二章经。业精于勤,良非偶然。吾国艺事近年似有起色,顾习艺者至多不过好之者,甚少乐之者,夫治一学,苟不至乐之程度必不能入灵魂,神与之会,故虽负美才异秉,亦鲜杰作产生。麟若先生中年治艺,而博学精能,如此,他日祝冬心板桥应无多让,其艺之成功可于其治艺之精神觇之矣。先生又善鉴别瓷器,收藏殊富,好古钱,亦其余事之是记者也。四六年岁始嘉陵江上磐溪中国美术学院。"①

新中国成立后,徐悲鸿被任命为中央美术学院院长,至1953年9月26日病逝于北京,享年58岁。吴蕴瑞得知此噩耗,万分痛惜。徐悲鸿夫人廖静文女士代表家属将徐悲鸿的1 200幅遗作以及收藏的名家作品全部捐献给国家。1954年10

---

① 王震:《徐悲鸿文集》,上海画报出版社2005年版,第128页。

月,徐悲鸿故居改建为徐悲鸿纪念馆。为丰富馆藏,已任馆长的廖静文向徐悲鸿作品藏友及生前好友征集墨珠。1955年春,廖静文来到上海,与吴蕴瑞相见时,对征求遗墨之请深表理解,当即应承奉归。吴蕴瑞的第二任妻子吴青霞也是书画名家,她十分理解丈夫对《负伤之狮》的情感,看着丈夫细细品读着画作中一笔一墨的题识,久久不忍释卷,吴青霞遂决定以同样纸张、同样尺寸临摹一幅,珍藏纪念,以表慰藉。吴青霞挥毫触纸时,一旁的吴蕴瑞仿佛又回忆起1938年抗战时期客居重庆与故友相聚的场景,不禁感慨。当吴青霞完成画作落笔后,吴蕴瑞已是双眼泛红,连连称赞。吴青霞在画作左下方落上"一九五五年吴青霞临"几个款字。吴蕴瑞随后在画作的右上角加题识:

"负伤之狮。忆自一九三七年日本侵略我国时,余与悲鸿老友随校先后至渝。斯时,大江南北俱遭铁骑蹂躏,每每言及,悲愤溢于言表,特为负伤之狮,以寓意。不幸一代艺术大师竟于五三年作古。五五年成立悲鸿纪念馆,其夫人廖静文同志来沪征求遗墨,余不敢自秘,割爱奉贻,并由爱人吴青霞临摹一帧,形神俱得,以作纪念。一九五五年麟若吴蕴瑞跋。"

自此,吴家客厅南墙上原来悬挂的徐悲鸿的《负伤之狮》,替换为吴青霞临摹的作品。每有亲朋来访,对吴青霞临作大为赞赏。吴青霞对此说道:"临摹悲鸿大师的作品,对我也是一个极好的学习机会,更何况徐先生还是我老爱人的诤友。"[①]

不久后,吴蕴瑞除了归还《负伤之狮》遗墨,连同《九方皋》

[①] 蒋和鸣著,吴青霞艺术院编:《龙城女史:吴青霞》,上海书画出版社2020年版,第154页。

《逆风》《愚公移山》《田横五百士》等徐悲鸿不同时期的力作悉数无偿地赠给徐悲鸿纪念馆。对此义举,吴家子女均无异议,吴青霞更是支持,崇高品格,后人敬仰。

二、精神儒者:吴蕴瑞体育思想的形成

思想的形成源于人们在社会实践中的不断思辨,从而获得对客观事物的理性认知,形成一种既定的观念,可以对他人意识构成影响,也可以是一种智慧,启迪后人,理思路,明心性。

对于近代西方社会出现的体育,在经历科学革命和工业革命的时代浪潮之后,人们不再受到宗教思想的束缚,在思想上和身体上都获得了解放。并在物理学、生物学、力学、数学和化学等现代科学体系日渐完整后,人们可以更清楚地认识体育对于人本身的意义。

关于"体育是什么?"这一问题,吴蕴瑞与袁敦礼达成共同认识,并在《体育原理》中"序"的部分对其予以阐释:"体育为一种事业,讲究其学理上之基础,是从知的方面做功夫。办理体育行政管理公共体育场、开运动会、教授各种技能,是做行的方面之工作。"① 体育作为一种社会实践,既要先知而后行,又要知行合一。对体育的认知要讲求"真",也要达其"深"。今天我们所追求的体育科学化、体育学术化、体育人文化道路,就是一种"知难行亦不易"的境界。

吴蕴瑞先生是一位精神儒者,自幼跟随作为私塾先生的父

---

① 吴蕴瑞、袁敦礼:《体育原理(第3版)》,勤奋书局1936年版,第1页。

亲求学,饱读"四书""五经",深受儒学影响至深。儒学自汉朝以来一直作为官方主流意识存在,以"四书"为主要载体的儒学经典,成为中华文化的主体,儒家尊崇的伦理道德价值,是称之为"五常"的仁、义、礼、智、信,其影响遍及东亚、东南亚,甚至形成了儒家文化圈。当新文化运动爆发后,国内也有一部分人发出了"批孔"的声音,他们认为孔孟思想是中国近代积贫积弱的罪魁祸首。当然,人们对任何事物的认知过程,都要保持一种思辨的态度,又要结合历史和社会环境的复杂性,因此,我们先暂且不论当年对此问题的争论不休,而是把目光聚焦在儒家思想为什么能传承至今的问题上。今天提倡的儒学,其中的学问精髓是什么？在一些人看来,儒学就是做人之学、做事之学、做官之学,儒家所提倡的精神,主要是做一个社会需要的人。不止于个体道德成就,而是怀揣崇高理想,家国情怀,达到大仁的境界。儒者,是能"大道之行也,天下为公"的人。

　　吴蕴瑞作为中国体育教育界的先驱,因所生活的时代特殊性,自幼习学于父亲的私塾,接受传统的中式教育。他既熟悉中国古代社会推崇的传统教育观念,又在求学中接受了西方思想的启蒙,远赴欧美留学,却并非全盘接受西方学说,而是中西兼容并蓄,融会贯通。据其后人追忆,他经常着装长衫或是西装,举手投足间带有文人的风骨,透露着儒雅和傲骨。他又从事体育教育,洋为中用,土洋结合,批判中国自古受儒学影响的重文轻武、重男轻女的风气,提出了适于中国发展的体育主张。在吴蕴瑞的身上透露着一种矛盾性,也体现着中西文化的碰撞与交融,他成为学贯中西的体育通才,这在当时实属难得。吴蕴瑞的体育思想影响至深、至广、至远,对于认识中国近代体育的发展历程以及认知中国近代体育教育的目的和方法,具有指导和借鉴意义。

吴蕴瑞的一生经历了中国近代三个重要时期,从清末的教育变革到民国的民族意识觉醒,又见证新中国的诞生,步入一个全新的世界。他在近代中国的风雨飘摇中成长和进步,全心投入近代中国的体育事业,成为中国体育教育的奠基人之一。他对中国现代体育的贡献可以概括为四个方面:其一,坚持身心一元论;其二,主张体育科学化、学术化;其三,坚持"土洋体育"互为体用;其四,倡导体育普及化。

学界一直关注吴蕴瑞体育思想的研究,的确可将其视作社会科学领域中的一个经典论题。据不完全统计,吴蕴瑞先生公开发表的文章109篇有余,专著6部。2006年,黑龙江出版社出版了《吴蕴瑞文集》;2022年,由上海体育学院编著,上海人民出版社出版了《吴蕴瑞全集》。这些著述文章为学界研究吴蕴瑞及其体育思想提供了有价值的经验资料。另外,梳理学界关于吴蕴瑞体育思想的研究成果可以归纳为三个主要时期,分别是:第一,集中于20世纪80年代的研究起步时期;第二,2008年掀起的一波研究高峰时期;第三,2008年之后的研究平缓时期。

第一,研究的起步时期。吴蕴瑞作为中国体育教育界的先驱,福泽后人,桃李芬芳,培养了众多体育专才。1976年,吴蕴瑞逝世于杭州,享年84岁。他的众位门下弟子纷纷撰文记述先师的生平贡献。1982年,刘汉明发表《体育界一代师表吴蕴瑞师业迹纪略》一文,该文作者于1933年就读中大体育系时始识其师吴蕴瑞,一直追随四十余年,因此,此文主要体现在与吴蕴瑞有关的文献价值上,也可视为最早研究吴蕴瑞的文章。苏竟存在1983年发表的《我国近代体育中的自然体育学派》一文中，则系统地阐述了自然体育学派的理论观点、产生背景以及对我国近代体育的影响。该文也是较早地梳理美国自然体育学派代表人物和传承脉络的文章；同时，苏竞存又在文中引用了吴蕴瑞和方万邦分别出版的著作《体育原理》中的理论观点，并将吴蕴瑞和方万邦视为我国自然体育学派的代表学者。1985年，许仲槐和王国辉发表《对重建〈体育原理〉的初步探讨》一文，运用系统论、控制论和信息论的现代科学理论去研究《体育原理》重建的必要性、研究方向以及研究内容，整体上去探索体育运动的一般发展规律。因此，这一时期发表的文章可视为吴蕴瑞体育思想研究的起步时期。

第二，研究的高峰时期。2008年，学界掀起了一股吴蕴瑞体育思想研究的热潮，引发这波研究热潮的原因有三：原因之一，2006年，为纪念吴蕴瑞先生谢世30周年，纪念先生为开创上海体育学院各项事业所付出的毕生精力，出版了《吴蕴瑞文集》，从某种程度上激发了学者们对吴蕴瑞体育思想研究的热情；原因之二，2007年1月，上海体育学院吴蕴瑞体育教育思想研究会成立，并召开首届吴蕴瑞体育教育思想暨现代体育教育改革研讨会，引发了学者们对吴蕴瑞的生平贡献及其体育思想的集中讨论；原因之三，2008年正值北京夏季奥运会的举办之年，被视为体育大年，学界聚焦体育领域的研究，又因之前吴蕴瑞体育思想的研究热度持续，因此会在当年形成一波研究高峰。这一时期主要的研究学者有姚颂平、肖焕禹、舒盛芳、吴贻刚、马廉祯、戴健、徐本力、潘华、覃兴耀、顾渊彦、匡淑平、虞重干、贾颖华、卢玲等，他们聚焦的研究论题主要有以下六方面：其一，关于吴蕴瑞"身心一元论"的思想探讨;其二,吴蕴瑞融合自然体育思想和实用主义思想;其三,吴蕴瑞坚持体育科学化和学术化的主张;其四,吴蕴瑞参与"土洋体育之争"论辩;其五,吴蕴瑞的体育普及思想;其六,吴蕴瑞对于体育目的的阐明等方面的论题研讨。这一时期的研究成果颇为丰富,较为系统地对吴蕴瑞的著作及其体育思想进行了解读。

第三,研究的平缓时期。2008年以后,对于吴蕴瑞体育思想的研究步入平缓时期,一些学者的研究是在前人的体育理论基础上进行继承和拓展。还有学者结合自身学科展开研究,如路云亭的《传播的错位:吴蕴瑞个案研究中的三重面相》一文,以传播学的视域论述体育学术界对吴蕴瑞及其体育思想持续关注的问题,还包括吴蕴瑞体育思想的人文性和自然主义体育理念的延伸和延展。

思想的形成是过程性的,对吴蕴瑞思想的研究需要融入其生活的社会背景之中,融入其人生的不同阶段。学界同仁虽已有相关文章刊发,但是目前对吴蕴瑞体育思想形成的过程分阶段性进行探讨的研究尚不多见。同时,客观解析西学东渐之风,结合西方近代体育在中国本土化的发展历程,深刻评价吴蕴瑞体育教育实践的研究尚不系统。因此,要想真正了解吴蕴瑞的体育思想,从他的著书立说之中挖掘,从他所生活的时代图景,从他体育思想形成的阶段性去探究十分必要。从历史的视角结合哲学思辨,对吴蕴瑞本人及其体育思想的讨论将分别从启蒙期、融合期、成熟期和影响期四个阶段来进行阐述,以吴蕴瑞的生平和贡献作为切入口,客观地洞见中国体育的发展历程、体育教育的发展脉络,探寻中华体育精神的精髓,激励国民坚持文化自信、历史自信,这也恰恰是笔者在继承基础上的再创新。

(一)发蒙启蔽:吴蕴瑞体育思想启蒙期(1916—1924年)

吴蕴瑞自6岁起便在其父亲的私塾习学中国传统之学,饱读"四书""五经"、读史、读诸子以及写八股文,虽早期接受旧式传统教育却也奠定了吴蕴瑞深厚且扎实的文学素养。清末适逢实行新政,在教育改革方面主张"停科举兴学校"的方针,各地开始取缔私塾、书院和旧制官学,纷纷打破传统旧学的教育框架,成立新学堂。吴蕴瑞从其父亲的塾馆转入由其父亲担任首任校长的萧崎国民第一小学(又称江阴峭岐乡立小学)。他在新式学堂中逐渐学习西文西艺,接触到资产阶级民主自由的思想。

1904年,清廷颁布并实施《奏定学堂章程》(也称"癸卯学制"),此章程对学校系统、课程设置、学校管理等都作了具体规定。《奏定学堂章程》基本上效仿日本学制,规定了各级各类新式学堂开设体育课程。体育课程被称为体操课,小学堂每周3学时;中学堂每周2学时;大学堂每周3学时。在体育课程教授的内容上,小学堂从一年级开始安排"有益之运动及游戏";步入二年级以后,开始学习普通体操;进入中学堂阶段,则习练普通体操和兵式体操;大学堂也是规定习练普通体操和兵式体操两种。随着清末推行新政和颁布实施学堂章程,体育教育终于被学校教育认可,这是破天荒的重大事件。但是,清廷在1906年颁布的《学部奏请宣示教育宗旨折》中,正式规定教育的宗旨为"忠君、尊孔、尚公、尚武、尚实",依然带有封建式的教育思想。因此,晚清各级新学堂中的体育课程,"必寓军国民主义",具有明显的军国民主义倾向。虽然说西方近代体育得以走进中国学校教育体系,对学生身体发展具有一定的积极作用,但是带有军国民主义倾向的体育课程难免存在形式上的呆板、枯燥和千篇一律的问题,也给中国近代学校体育教育留下一定的隐患。

随后,一些国立中小学校开设体育课,此时正值日本体操风行,采用"单轨制"(专用体操),从江南诸省来看,学校中体育所用教材和方法均带有日本意味,北方学校体操则是德日教员参半。在此背景下,国内对体育教师的需求极为迫切,培养体育师资力量成为当时社会普遍关注的焦点问题。吴蕴瑞在其发表的《三十五年来中国之体育》一文中提及,浙人徐一冰设中国体操学校于上海,培养数十班毕业者成为各省体操教员,同时,苏州两级师范和浙江两级师范均设有体操专修科,也培养数班毕业者充当两省中小学校体操教员。

在此之前,中国近代体育的发端源于西学东渐之风盛行,同样也促进了近代中国学校体育的兴起与变革。其中,青年会是世界性的基督教青年组织,它在近代体育的国际传播中发挥着重要作用,对中国的影响可以概括为三个方面:传播现代体育活动、介绍西方体育理论与方法、培养体育人才。基督教青年会(YMCA)"传入中国时间在1885年,最早成立青年会的是福州英华书院及通州潞河书院"。[①] 1900年,创立了中国第一个城市青年会——上海青年会。基督教上海青年会的宗旨是促进青少年的"德、智、体、群"四育的全面发展,为社会服务。上海青年会举办了华东校际运动会(1901年)和学校联合运动会(1904年)等。经过两年的努力,上海青年会体育部于1908年正式成立,

---

① 梁兆安:《记上海青年会体育部(上)》,《上海体育史话》1983年第2期。

作为一个永久性的体育会所,董事会聘请了第一位美国体育干事埃克斯纳担任体育部主任。青年会体育部的人事安排实行干事聘任制,先后派史温、麦克乐、蔡乐尔、葛雷、郝伯阳等人担任青年会全国协会体育部干事职务,在各地方也设立青年会体育干事,基本上形成了体育行政组织网络,促进了体育工作的开展。

基督教青年会于1913年派麦克乐来华担任青年会体育部干事。1915年至1916年,麦克乐任教于上海青年会体育专门学校和江苏省教育研究会体育传习所。麦克乐在中国的体育教学实践中,首要任务是加强体育教师的培训。"在教育界中,应当养成有学识,有资格的,有高尚理想的体育专家。绝对的必须学习体育教授法,和体育一切底教材。并且也得兼习体育根本的科学,如生物学、教育心理学和种种属乎教育的科学。有这样的人,才可以称一个体育专家,才能以使学者得着益处。"[①]麦克乐虽然担任青年会体育部干事,但他将民主精神和人格教育融入体育运动中,使学校体育运动具有了更深层次的教育意义。他主张体育教师不仅要精通体育技能,还要精通教育学、心理学、生理学等多学科知识。

吴蕴瑞于1915年12月以优异的成绩顺利地从苏州师范学校毕业。1916年年初,南京高等师范学校为培养体育教师,专门开设了两年制体育专修科,加强对体育教师的培养。麦克乐是该体育专修科首届主任兼教授,他在中国期间的贡献在于系

---

① 国家体委体育文史工作委员会:《中国近代体育文选》,人民体育出版社1992年版,第69页。

统地介绍了美国体育理论与方法,提出带有军国民主义倾向的兵式体操的消极影响,为中国体育理论、学校体育和体育科学研究做好了前期铺垫。吴蕴瑞以优异的成绩考入南京高等师范学校体育专修科,成为该科第一批招收的23位学生中的一员,也是该校东西方文化交融中的第一届学生。1919年,杜威访华讲授实用主义教育思想时,提倡"教育即生活""儿童本位教育"的思想,对民国教育界产生一定的影响。同年,五四新文化运动爆发,包括自然体育思想在内的新思想随着这股新文化运动浪潮逐渐在中国体育学术界占有一席。吴蕴瑞在此求学期间,接触到来自西方的体育思想,开启了他钻研体育教育之路的决心。事实证明,麦克乐是吴蕴瑞体育思想形成的主要启蒙者,对吴蕴瑞的影响很大,具体可以概括为以下两个方面。

一方面,近代体育从西方传入中国,同晚清至民国时期中国的命运相交织,已经打破"体育"自身的要义,承受了诸多不可承受之重,这也为日后在"土洋体育之争"中探寻何为"体育真义"埋下了历史伏笔。由于社会需求的不同和时代发展的特点,对体育教育的性质、功能和特点的认识也在不断变化。20世纪20年代,麦克乐在中国执教期间率先提出体育教育的概念,指出体育课程设置要注重理论与实践的紧密结合,注重教学的阶段性。同时,他还强调技术熟练程度对教学效果的影响,以及针对教材的选取提倡自然体育的指导思想。吴蕴瑞受到麦克乐的体育教育观念的影响,明确了体育教育为培养全面发展的人之目的,为日后培养体育师资和体育专业人才提供了方向指引。

另一方面,麦克乐主张体育科学化,重视肌肉力量训练,融入运动生理学、解剖学等多学科知识,强调体育实践与学生身心相结合,重视体育教材的编纂和体育规则标准的制定。在1916年至1921年间,麦克乐着手体育教材建设,编纂了《体操释名》《网球》《篮球》等体育教材,并发表多篇系列文章;他还提出体育科学化的主张,先后编制了"'竞技运动能力检验之用途及其分数表'、'体育审定标准'、'运动技术标准'、'测量肺部的研究'、'检查身体方法等'"。[①] 麦克乐认为,体育教材和教学内容必须起到激励学生身心成长的作用。吴蕴瑞深得麦克乐体育教育实践的影响,坚持科学的态度和方法。为此,吴蕴瑞于1935年在《科学画报》第3卷第5期发表《体育科学化》一文,强调"然讲运动方法、教学方法以及体育原理等,无处不思应用科学"。将运动应用力学、体育应用解剖学、体育应用生理学、体育应用心理学、体育应用生物学五种直接应用于体育科学研究,并进行大量试验,日后完成了《运动学》的编著,走到了体育理论创新的最前沿。

(二)融会贯通:吴蕴瑞体育思想融合期(1925—1927年)

吴蕴瑞早年接受了中国传统之学和西学教育,他的思想倾向也由中西文化造就。吴蕴瑞在东南大学时,学校聘请了杜威、罗素和泰戈尔来中国讲学。杜威带来了改造美国旧教育的实用主义教育思想,打开了吴蕴瑞体育思想的大门。1924年,吴蕴瑞获东南大学体育系学士学位后,经官方考试和麦克乐力荐,吴

---

① 转引自"行政院"体育委员会:《一百年体育专辑——体育思潮》,台北:"行政院"体育委员会2012年版,第35页。

蕴瑞考取江苏省在当年设立的唯一一位体育专业官费赴美的留学名额,师从自然体育学派代表人物威廉士。

关于自然体育学派的形成,需要追溯到1901年,美国哥伦比亚大学师范学院托马斯·伍德和赫塞林顿提出"新体育"理念,与欧洲的体操改革、奥地利的自然体育一起成为19世纪末20世纪初体育改革的起点,并以美国杜威实用主义理论为依据,以美国威廉士著写的《体育原理》为标志,形成了一套完整的自然体育概念、理论和方法。自然体育强调的主要观点为:"体育就该以儿童的生物学和本能需要为出发点。以儿童为中心,要符合他们的兴趣,强调本能的冲动通过身体运动来教育人,并形成生活技能,善用余暇,从中获得乐趣,采用球类、游戏、走、跑、攀、爬等运动,促进儿童个性的自由发展。"① 换言之,自然体育思想的基本内容可以概括为三个方面:其一,重视体育的主要目的是培养和教育人;其二,反对人为体育,提倡采取符合儿童天性的游戏、舞蹈、竞赛、活动和各种基本技能的自然体育活动;其三,主张"体育即生活",以儿童为中心,提倡个性的自由发展和教育化的体育。吴蕴瑞受到杜威实用主义教育思想和以威廉士为代表的自然体育思想的影响,先后赴英、法、德考察体育,形成了完整的体育教育观念。

吴蕴瑞对自然体育思想的继承以及其在中国的传播和发扬起到关键性作用。吴蕴瑞对近代体育的认知和总结并非直接照搬西方,而是结合中国国情,明确适合中国的体育教育目的以促

---

① 屈杰:《近现代中国学校体育思想形成过程中学风问题的反思》,《体育与科学》2005年第4期。

进体育事业发展。关于体育目的的评判标准,吴蕴瑞从三个层面进行阐述:其一,须依据目前社会的状况而定,不能生硬照搬;其二,须能伸缩而有弹性;其三,须为活动之一阶段。换言之,吴蕴瑞认为体育目的需要依据目前社会状况而定,因为社会情况多变,体育目的也应相应调整,改变的程度要与社会情况相适应。体育目的要有伸缩性,强调体育目的要实现内容常有所变化,因此,在体育的质和量两个方面也要有所改变。体育之目的,能作为实现更远大目标的方法,即为达成真正体育目的。

吴蕴瑞在《体育原理》中将体育所达目标总结为三方面:一是机体之充分发达;二是各种技能与能力之培成;三是品格与人格之陶冶。吴蕴瑞将体育视为教育的一种手段,是以身体活动为教育方式达成人的全面发展。可以看出,这一观念的形成受到在美留学期间导师威廉士的体育思想启发,威廉士强调体育是教育的一种形式,与"德、智、群"三育同等重要。

另外,受到威廉士体育思想的影响,吴蕴瑞针对体育与健康教育的关系问题加以思考并表达了观点:"常人之见解,莫不以体育为手段,以健康为目标,二者混为一谈,甚有以体育划为卫生教育范围之内者,名词之混乱是以使实施方法生错误。数十年来,能将体育与健康教育分别清楚者,是不可多得。"[①]

可以说,吴蕴瑞对体育与健康教育的观念,是对其导师威廉士体育思想的传承和发扬,威廉士曾将体育与健康教育作出明确的区分。关于这一点,吴蕴瑞也曾表示在美国留学期间,跟随

---

① 吴蕴瑞、袁敦礼:《体育原理(第3版)》,勤奋书局1936年版,第167页。

导师威廉士参加1927年美国全国大学体育教授会议,亲历威廉士在会上发表体育与健康关系的见解,讨论两者的关系,辨析体育教育与健康教育的不同。

"'健康教育与体育非一事'(Health Education and Physical Education are not the same thing)'体育不是为健康'(Physical Education should not be concerned with health),骤闻之,真有令人难解之处,实则确有真理存焉。人之健康,不似货物之能测得其量。健康之程度,不能用体育来增加。从前健康能栽培之说,全无根据。其因破坏而减低者,可由病中各器官失调时查出之。其参差之程度,各个之间,大概不少。其参差之原因,一在遗传,一在生活之方法,并非因从事体育之勤惰而然也。故体育一事也,自有其一定之功用,不能用作为卫生教育之手段。卫生教育又一事也,亦有其相当之方法,不能用体育代达其目的,其理甚明。"①

吴蕴瑞认为,健康教育的目的可以从三个方面来实现:一是卫生之视察;二是卫生之料理;三是卫生之指导。"健康教育,注重健康,而体育目标则绝非健康,乃在发达个体也。"②"健康之维持,全在卫生,不能谓各器官之发达即是健康。"③"总之,健康教育与体育根本不同,健康系一种功能,亦系一种体质,不能测量,健康非目的,乃是方法。体育与健康教育须相辅而行,否则不能达体育之目的。"④体育教育的目标乃在发达个体,达成

---

① 吴蕴瑞、袁敦礼:《体育原理(第3版)》,勤奋书局1936年版,第167—168页。
② 同上书,第170页。
③ 同上书,第171页。
④ 同上书,第174页。

人的全面发展。

吴蕴瑞将体育教育归纳为四方面：发达身体内各系统之器官；发达普通脑肌系统及基本技巧；发达对游戏之态度；发达行为之标准。体育有利于促进人体健康，促进生命卫生保护，促进身心方面的愉悦。换言之，体育运动干预对于健康促进起到一定的作用。然而，影响健康的主要因素有很多，包括生活方式、生物因素、环境因素、医疗保健服务体系等因素，还包括个人、群体和社会的共同责任和义务，也关系到人们的整体行为意识、健康认知水平、环境保护行为等。

人们对于事物的认知和形成的观点，需要结合时代背景、社会环境和技术条件等因素。当年，吴蕴瑞以辩证的视角剖析体育与健康教育的关系，比较两者在育人中各自发挥的作用，视体育教育与健康教育同等重要。可见，其学术理论水平已走在当时的前沿，成为国内最早关注此问题的一批学者之一，并将自己的观点见解落到实处，对我国体育教育的发展具有一定的指导作用。但由于时间、地点、环境等因素的变化，理论观念也随之转变。

随着社会的不断进步和发展，经济环境和人们的生活方式发生了变化，从传统型、生存型、物质型向现代型、发展型、服务型转变。倡导以"大健康"为主导构建新型公共健康体系，以全民健身上升为国家战略为重大机遇，将群众体育工作提升到新水平。加强科学健身方法和优秀项目的推广交流，促进体育强国建设，服务"健康中国"战略。增进体育运动科学与健康促进的有机结合，使人们有条件在科学的指导下，根据个人的身体状况，采用合理的手段和方法，有计划、有目的地进行科学锻炼，改变以往盲目、缺乏健康意识的不合理运动。

"健康促进"(health promotion)一词源于医疗、卫生领域的发展,最早出现于20世纪20年代公共卫生研究领域的相关文献中。在预防医学的三级预防中,健康促进强调一级预防甚至更早阶段,即通过健康教育和健康的生活方式,消除不良的生活习惯,尽可能地降低患病风险,预防和阻断疾病发生的概率。通过体育运动干预促进健康,使健康关口前移,换言之,就是更加注重健康的一级预防,实现临床医学以疾病治疗为中心向预防医学以健康为中心的转变。当人们处于健康状态时,应该着力于通过体育运动的行为意识促进自身和周围人乃至全社会所有群体的"大健康"。与此同时,人们的健康意识、家庭幸福感、社会归属感、道德水平、环境氛围、社会风气等一系列因素都在进一步向健康方向发展,以实现"健康中国"战略的实施。

推动体育与相关领域的融合已成为当今社会市场开发和投资的重要内容。提倡中国特色"运动促进健康"的科学发展,促进以全民健身为代表的"大健康"事业的兴起,成为我国物质文明和精神文明进步的重要体现,在一定程度上也是城市经济文化发展的重要产物。回溯百年前,以吴蕴瑞为代表的体育专家探讨体育与健康的关系,这种主动性的探索与思考,指引着中国体育发展的方向,直至今天,通过参与体育运动促进健康成为当前人们提倡健康生活的重点。

(三)自惟至熟:吴蕴瑞体育思想成熟期(1927—1949年)

1927年,吴蕴瑞获得美国哥伦比亚大学硕士学位后,赴英、法、德三国考察,于同年9月归国,就职于南京国立中央大学体育科任教授兼主任。20世纪20年代至30年代,正值吴蕴瑞迈向不惑之年,多年的求学和生活经历,使他的学术思想日益成熟,此时的他精神饱满、精力充沛,也是他大量学术成果产出的爆发期(见表4-1)。这一时期吴蕴瑞的体育观念主要可以归纳为两方面:其一,主张体育科学化、学术化;其二,提倡体育普及化。

表4-1 吴蕴瑞于20世纪20年代至30年代刊发主要文章列表(部分)

文 章	年 份	期 刊
全国运动会感言及今后之觉悟	1924年31期	《教育与人生》
普及体育之意见	1929年2期	《体育杂志》
体育学术化	1929年1期	《教育汇刊》
体育上之相对主张	1931年8月12日	《大公报》
今后之国民体育问题之我见	1932年1卷33期	《体育周报》
功利主义及文化主义与体育	1933年1卷2期	《体育季刊》
中国近代体育发展史略	1933年9卷4期	《时事月报》
吾国体育不振之原因	1933年1卷1期	《勤奋体育月报》
体育之国界问题	1935年2卷2期	《国立中央大学教育丛刊》
体育科学化	1935年3卷5期	《科学画报》
论总锦标	1935年1卷3期	《体育季刊》
体育与军事训练之关系	1936年2卷2期	《体育季刊》

资料来源:此表为笔者阅读相关文献史料、著述期刊过程中整理得出。

自20世纪二三十年代,吴蕴瑞开始步入学术研究的增长期,先后出版了多部学术著作(见表4-2),这些著作凝结着他的体育观念精髓。因其有解剖学、生理学、生物学、心理学、社会学等知识背景,他将体育学术研究建立在与其他学科交叉研究的基础之上。尤其是《运动学》一书,将公式和定理逐一应用于各种运动项目加以解释,比如结合撑竿跳、铁饼、起跑、跳远、跳掷等运动分别解释摆的运动、离心力、牛顿第一定律、第二定律、第三定律,通过应用力学原理改良运动方法和提升运动成绩。

表4-2 吴蕴瑞主要著作列表(部分)

著　　作	年　　份	出　版　社
《运动学》	1930年	商务印书馆
《田径运动》	1932年	勤奋书局
《体育教学法》	1933年	勤奋书局
《体育原理》	1933年	勤奋书局
《体育建筑与设备》	1933年	勤奋书局
《中小学体育教授细目》	1936年	勤奋书局

资料来源:此表是笔者从阅读文献著述的过程中整理得出。

1935年1月,由吴蕴瑞担任主编,在上海创办了《体育季刊》。该刊每年出1卷,为该刊撰稿的还有中华全国体育协进会成员,如沈嗣良、袁敦礼、郝更生、程登科等。其实,在此之前,1922年5月在上海曾创刊一本《体育季刊》,由麦克乐担任主编,前后共出12期,分为3卷。期刊内容理论居多,教材次之。

大部分期刊文章出自麦克乐,一部分由东大体育科教员供给,因麦克乐回国,该刊终止。吴蕴瑞继麦克乐之后创办《体育季刊》,"其用意为远续麦克乐所编之《体育季刊》,近续体育改进社新出之季刊"。该刊物经常发表一些实际上对全国体育发展中所遇的重要问题起着指导性作用的文章,还发表关于传播体育思想、沟通世界体育消息、倡导体育学术化的文章。遗憾的是,该刊出至3卷2期,于1937年6月停刊。

通过梳理文献史料和借鉴一些有价值的经验资料,经统计得出,吴蕴瑞自1924年始陆续在《大公报》《勤奋体育月报》《国立中央大学教育丛刊》《国民体育季刊》《体育季刊》《体育周报》《科学画报》《体育杂志》《体育研究与通讯》《时事月报》《教育与人生》《体育与卫生》《体育》《科学的中国》《广播周报》《教与学》《青年进步》《教育汇刊》《安徽教育》《中国学生》《广播周报》《中华体育》《新体育》《大众医学》《上海体育学院学报》等刊物上发表文章109篇有余(见图4-1)。其中,吴蕴瑞发表文章最多的三本期刊分别是《体育季刊》(24篇)、《教育与人生》(19篇)和《体育杂志》(15篇)。

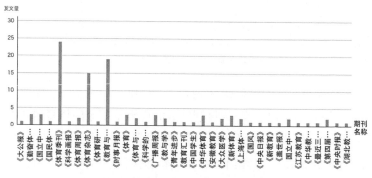

图4-1 吴蕴瑞公开发表文章数量统计图

选取吴蕴瑞公开发表的 109 篇文章进行理论抽样,经编码分析后发现,吴蕴瑞刊发的文章内容涵盖体育理论、体育史、国民体育、学校体育、运动生理和生物力学、体育教学法、国外体育、体育场地等方面(见图 4-2)。根据文章内容分类进行占比统计排序,其中,涉及体育教学法的文章有 31 篇,占比为 28%;涉及国民体育的文章有 24 篇,占比为 22%;涉及运动生理与生物力学的文章有 16 篇,占比为 15%;涉及学校体育的文章有 15 篇,占比为 14%;涉及体育理论的文章有 12 篇,占比为 11%;涉及国外体育的文章有 6 篇,占比为 5%;涉及体育场地的文章有 3 篇,占比为 3%;涉及体育史的文章有 2 篇,占比为 2%。由此可见,吴蕴瑞对于体育领域的研究范围广泛,被体育界称作学贯中西的体育通才。他的体育观念和学术思想对当时中国体育界的影响较大,对启迪体育学术研究风气有着正面的积极影响。

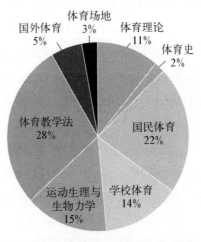

图 4-2 吴蕴瑞公开发表文章内容分类占比统计图

随着近代体育在中国的发展,教会学校多提倡运动,此时的国立学校体育已从"单轨制"向体操与运动结合的"双轨制"转变,各学校的运动风气兴起,加入华东八大学联合会、华北体育联合会的国立学校已占其会员数的一半,此时,体育运动会开始在全国开展。渐渐地,运动跃入第一位,体操退居第二位。由于各种体育竞赛不断举行,出现极端"选手制",导致锦标主义风气日盛。吴蕴瑞发表见解:"'其弊害之显明者,各学校为争一时之光荣,甚且优待运动员。''因其优待,故重于技术之锻炼,忽于学业之灌注,日常管理、学校规则,不无宽容,以此常引起一般不好运动者反感。''此诚吾体育界伤心之事也'。"[①]他认为体育纯属一种手段,无论是游戏、竞技,还是活动,都是通过体育达成育人的目的。不管是"选手制"还是"锦标主义",都违背了教育均等的原则,应提倡国民体育普及化。在《体育杂志》1929年第2期中,吴蕴瑞发表了《普及体育之意见》一文,强调体育作为教育的一种方式,普及体育亦完成教育;并从培养运动人员、改良运动教材、严订教师资格、学校设有充足的运动时间、体育设备及运动场地扩充、学校体育经费列入预算这六个层面分别探讨普及体育的关键作用,提倡人人都能参加体育活动,从小培养对运动的兴趣,养成锻炼的习惯。

1932年8月,由吴蕴瑞、袁敦礼、郝更生联合起草颁布的《国民体育实施方案》提出:"学校体育不以养成运动选手为目的,应以全体学生共同运动普遍发展体育为宗旨"。[②] 这是针对

---

① 吴蕴瑞:《运动选手制与运动总锦标》,《勤奋体育月报》1935年第3期。
② 吴蕴瑞、袁敦礼、郝更生:《国民体育实施方案》,勤奋书局1933年版,第9页。

20世纪二三十年代盛行于学校的体育"锦标主义"和"选手制",在《国民体育实施方案》中提出关于学校体育实施的相应办法,不仅如此,该方案还提出发挥学校教育和社会教育共同并举,加强国民体育的普及,并制定了5个要达成的目标:"供给国民机体充分平均发育之机会;训练国民随机运用身体以适应环境之能力;培养国民合作团结抗乱御侮之精神;养成国民侠义勇敢、刻苦耐劳之风俗,以发扬民族之精神;养成国民运动及游戏为娱乐之习惯。"①

值得一提的是,从以上5个达成目标来看,吴蕴瑞提倡体育普及,除了把体育作为增强体质的手段之外,还把体育与生活联系起来,体育即生活,人们在闲暇时光,既可能以体育丰富生活,又能促进人的全面发展,达到身心两健的目的;还强调要指导和推行包括妇女和儿童在内的民众体育。《全民体育实施方案》的出台,也代表了吴蕴瑞体育普及的理念开始逐步落地。

同时,吴蕴瑞积极倡导并参与制定相应的体育制度和规章,促进体育制度的完善和体育发展的规范化。他提出《全国各级学校应有一律之运动选手规程》,并受命主持制定了《全国各级学校选派运动代表规程》,由当时的教育部颁布实施。尤其是在推动体育普及化的行动实践之中,吴蕴瑞列举了美国、德国等国家体育之所以繁荣,是因为男女体育并重,强调女性体育不可忽视,男女体育的均衡发展,可以振兴民族体质。可见,此时的吴蕴瑞已经对体育有了更高层次的理解,强调推行体育的全民普及,发挥体育培养全面发展的人之功能。

---

① 吴蕴瑞、袁敦礼:《体育原理(第3版)》,勤奋书局1936年版,第1页。

总之,这一时期的吴蕴瑞思想境界和人生阅历已渐成熟,"强调体育活动的科学化、体育教学的个性化、体育教学环境的自然化、体育内容的游戏化等"。[①] 在一系列的学术研究和活动中,他传播的体育观念构成一定的影响,一步步迈向近代中国体育舞台的中心。

(四)中流砥柱:吴蕴瑞体育思想影响期(1949年至今)

吴蕴瑞体育思想的形成是一个阶段性的过程。他虽然身处乱世年代、岁月动荡时局之中,可实际上,吴蕴瑞享年84岁,他的一生在74岁之前,无论是求学还是从事体育教育事业、著书立说,都较为如愿。吴蕴瑞的体育思想受到美国实用主义教育思想和美国系统的自然体育思想的影响较大,但他并不迷信欧美体育,而是结合中国传统文化和哲学。他认为:"运动场上游戏之中,天真烂漫,毫无掩饰,教师易发现儿童之本来面目。故游戏时间,实为儿童解除虚伪之所,亦即施以自然主义之教育之良好机会。故欲达无为主义之理想目的,根本之方法在教育。欲体育达无为主义之目的,教师与教材之选择宜注意。"[②] 简而言之,吴蕴瑞视体育的目的是回归本真,而实现本真的方法在于教育。吴蕴瑞身上有着中国传统教育的烙印,他接受老子的"无为主义"实则是一种自然主义境界,又融合麦克乐、威廉士等人的自然体育精神,并与同时期留学归国的体育学者切磋与合作,实现中西自然体育思想的相容不悖、相辅相成、互为体用。由

---

① 姚颁平、肖焕禹:《身心一统 和谐发展——上海体育学院首任院长吴蕴瑞体育思想论释》,《上海体育学院学报》2005年第5期。
② 吴蕴瑞、袁敦礼:《体育原理(第3版)》,勤奋书局1936年版,第126页。

此,他也成为学贯中西的体育教育界集大成者。

吴蕴瑞曾对学生们说:"君等一生事业之成功与否,首视学生时代之是否讲体育,吾人理想,不必望我国出特殊之选手,足以超过万国运动大会之成绩,而甚望全体青年皆重体育,爱运动,下课之后,人人在操场或赴野外,任择一二事习之,各从所好,练习无间,使我国男女学生皆然,不数年而为强健之国足矣。"①吴蕴瑞的一席话,却道出了诸多深意。

一方面,吴蕴瑞的自然体育思想认为青少年成长教育中不可缺失体育,体育的目的是回归本真,实现这一目的的方法在于教育。体育乃以身体活动为教育方式,以"身"的活动促进"心"的发展,以"心"的发展引导"身"的行动,以"身心一元论"培养青少年身心健康,和谐发展。换言之,就是实现学生精神和身体健康的高度和谐统一,成为一个全面发展的人。

另一方面,吴蕴瑞倡导体育普及化优于竞技化,反对"锦标主义"、冠军至上思想和极端"选手制"。他十分重视青少年的培养,倡导男女体育平衡发展,希望全民体育普及。时至今日,我们依然能感受到吴蕴瑞眼界之高远,见解之高深,他强调体育对于人全面培养的重要性,这些身心和谐发展的人是国家的未来,是国家走向富强的前提。可见,吴蕴瑞先生早已道出体育促进国家强盛的美好愿景。

吴蕴瑞始终坚持体育学术化和体育科学化的发展方向,他既有社会科学方面的理论,又有完整的历史观,还有体育技能素

---

① 姚颂平、肖焕禹:《身心一统　和谐发展——上海体育学院首任院长吴蕴瑞体育思想论释》,《上海体育学院学报》2005年第5期。

养,兼具生物学和解剖学的学科背景。尤其是1933年勤奋书局出版的吴蕴瑞与袁敦礼合著的《体育原理》,所包含的见解超越了当时绝大多数体育理论研究者。"这部当年由上海勤奋书局出版的体育丛书之首卷,是当时中国唯一的体育专书中唯一之宏观论著,唯其具有宏观视屏和俯瞰高度,故而能够开疆拓野,纵横捭阖,布局铺陈,历久弥新,至今仍有很强的可读性。"[1]通过查找文献,其实在吴蕴瑞之前已有宋君复、方万邦分别编著的两本《体育原理》。新中国成立后,关于"体育原理"的著述更是丰富。"吴蕴瑞、袁敦礼合著的《体育原理》虽说其源在美国的威廉士,却也和宋君复的《体育原理》以及方万邦的《体育原理》有类似之处。"[2]究其原因,他们都曾留学于哥伦比亚大学攻读教育学硕士学位,且三人均师从威廉士。从学术思想启蒙到袭承、再到融合的角度来看,宋君复以及方万邦的《体育原理》的确具有先导性价值,而吴蕴瑞和袁敦礼合著的《体育原理》具有一定的超越价值,体现在集大成的意义层面上。

吴蕴瑞从1924年至1959年期间陆续发表近百篇文章,并著书立说,为中国体育界的开拓者之一。新中国成立后,吴蕴瑞作为新中国第一所体育高等学府——华东体育学院(1956年更名为上海体育学院,2023年更名为上海体育大学)的首任校长,在任长达24年之久,也做了大量开创性的工作。吴蕴瑞对中国近代体育的贡献可以概括为以下四点:其一,坚持"身心一元

---

[1] 张洪潭:《中国第一部〈体育原理〉著作的当代价值论》,《体育与科学》2007年第3期。
[2] 路云亭:《传播的错位:吴蕴瑞个案研究中的三重面相》,《体育与科学》2019年第1期。

论",将身心视为一体,充分发挥体育的教育功能,提升学校体育的地位和价值;其二,倡导体育的科学化和学术化,以运动应用力学、体育应用解剖学、体育应用生理学、体育应用生物学等方面直接应用于体育科学化开展。对于体育的学术化研究则以生物学、物理学、心理学、应用算学,并结合社会学和哲学等为基础开展体育学术研究,开创我国现代运动生物力学研究的先河;其三,坚持"土洋体育"的互为体用,辩证地看待体育的国界问题,正视西方体育在中国本土化的问题,指明中国体育整体化健康发展的方向;其四,倡导体育普及化,发挥学校教育与社会教育并举,加强全民体育普及,从学者观念到全民体育政策的质变。以上四点同样也是吴蕴瑞体育观念的内涵表达和价值体现。

诚然,对于吴蕴瑞体育观念的价值审思,还要从历史价值、社会价值和现实价值三个层面去探讨。

从历史价值看,便于我们从吴蕴瑞所生活的时代背景和社会环境中去了解近代中国体育发展的艰辛和苦难,充分感受动荡岁月中,以吴蕴瑞为代表的体育教育家、致力于中国体育事业发展的进步人士以及肩负民族大义与家国情怀的体育人自强不息、顽强奋斗的精神品质。他们面对中国传统体育与西方现代体育的糅合、嬗变发展,勇敢地冲破历史迷障、民族主义迷思,赓续中国体育发展的道路,传承中华体育精神。

从社会价值来看,充分悟透吴蕴瑞体育思想的价值,更能深刻地认识体育,领会到体育是一个社会化产物,有什么样的社会,就有什么样的体育环境,体育育人与国家命运息息相关。2022年中国北京成功举办冬奥会,北京成为世界上唯一的"双奥"之城,完美地回答了百年前提出的"奥运三问",中国人的"体育强国梦"在逐渐实现,这些都源于国家的稳定、社会经济的发展和国家的日益强大。同时,体育强则中国强,国运兴则体育兴。《体育强国建设纲要》提出,要不断提高体育文化的感召力、影响力、凝聚力,将其作为体育强国建设战略落实的基本任务。深刻地理解吴蕴瑞体育思想,传承和弘扬中华体育精神,认清中华体育精神的时代价值,坚持历史认同、民族认同、文化认同、国家认同,促进国家的精神凝聚,激励国民自强不息,增进国民物质生活、身心健康和精神文明综合素质的提升。

从现实价值来看,利于我们从客观层面辩证地看待中国现代体育的发展道路。自新中国成立之后,我国明确了"一边倒"的政策,加入了社会主义阵营,接受了苏联的援助,也包括对中国体育的援助。当时的中央体育学院(北京体育大学的前身)汇聚了一大批苏联体育专家,如苏联体育教育理论专家凯里舍夫、吉潘莱特尔和柏钦柯(运动生理学专家)、赫鲁晓夫(田径专家)、苏施柯夫(足球专家)、柯裴托夫和布列诺克(体操专家)、弗尔日斯涅夫斯基(游泳专家)、贝柯夫(解剖学专家)以及卡玛特金诺夫(卫生专家),他们先后进入中央体育学院任教。

1957年,为积极响应"发展体育运动,增强人民体质"的号召,力争为国家培养忠于祖国、忠于社会主义的体育专才。上海体育学院聘请了鲍·谢·格拉明尼茨基(苏联体育理论专家)、阿·格·阿依列扬茨(苏联排球专家)、尤·卡·拉古纳维邱斯(苏联篮球专家)前来任教。同时,吴蕴瑞特别重视教师队伍的建设和培养,多次提出"体育教师应为人格导师,青年模范,要有仁爱之心",陆续派青年教师去参加中央体育学院苏联专家开设的体育研究班,听苏联专家讲学。一边"派出去"一边又"请进来",其中,苏联体育理论专家凯里舍夫等人曾接受邀请,来到上海体育学院进行访问交流。新中国接受了苏联的体育援助,而来自美国的自然体育思想渐渐受到冷落。"马如棠在口述史中曾说,上海体育学院在20世纪50年代以后并没有开设体育原理课,原因是当时学习苏联体育体制,全国各行各业都是'一边倒'。马如棠说,吴蕴瑞代的是解剖课,并非体育原理课程。从诸多文献中可以得知,体育原理是一种来自美国的课程。"①这一时期吴蕴瑞的体育科研活动几乎处于停顿状态,他所主讲的《体育原理》由于是美国式课程,便不再开设。面对美国与苏联的冷战格局和新中国"一边倒"的政策确定,来自美国体育思想与苏联体育思想形成的激烈冲突,吴蕴瑞的自然体育观念与苏联体育阵营在无形中存在着一条裂隙,也是吴蕴瑞在长达半个多世纪的体育教育生涯贡献中留存的遗憾。虽然接受苏联援助时间较短,但为新中国体育事业发展起到了推动作用,使新中国体育事业从技术、观念、管理方法、体制和机制等方面都得到了不同程度的提升,但是也存在利与弊共存的深远影响,直至今天,中国体育事业尚存若干"苏式基因"的痕迹。

可以说我们今天提及的"体育"源于人类为了生存而进行的头脑和肢体并用的行为,人们参与体育竞技所获得的力量和欢愉,也正是人的本能和天性的发挥,这一点也符合自然体育观强

---

① 路云亭:《传播的错位:吴蕴瑞个案研究中的三重面相》,《体育与科学》2019年第1期。

调人的本能的重要性。2008年北京夏奥会和2022年北京冬奥会的成功举办,加快了中国步入体育强国的时代,若实现这一愿景的前提是体育回归于民间,全民体育也是一种自然体育观念。作为中国自然体育的代表人物之一,2008年学界关于吴蕴瑞体育思想的研究达到高峰,也间接说明了自然体育观念开始在当下重新得到重视。2018年5月14日,上海市社会科学界联合会公布首批"上海68位社科大师"名录,吴蕴瑞成为唯一一位当选的体育学术界的大师。2022年恰逢上海体育学院70周年校庆,也是吴蕴瑞先生诞辰130周年,吴蕴瑞的体育观念随着时间的流淌,不但未曾消逝,反而得以远播,这离不开他本人一贯坚持的科学性和思辨性,他揭示了体育教育的真谛,也为中国现代体育教育奠定了坚实的基础。同时,建设体育强国、健康中国离不开体育文化的繁荣发展,以及中华体育精神的健康传递。有利于国家积极营造公平有序的体育环境,打造充满活力的体育产业,辐射快乐健康的群众体育,开创新时代我国体育事业的新局面,全面促进人的全面发展,提升国家的软实力建设。

吴蕴瑞作为近代体育思想的集大成者、现代体育科学理论的奠基人之一、中国体育教育的开拓者,他对中国近代体育发展的贡献很大。但推动近代体育发展并非归功于某一人,吴蕴瑞与袁敦礼、方万邦等同为中国自然体育的代言人,像宋君复、张汇兰等众多体育家,他们同样抱有体育理想,从事共同的体育事业,在体育方面都有建树,并著书立说。同时,我们也不能遗忘与吴蕴瑞同时期留学、共事、共同从事体育研究和体育活动的体育家们,他们同样为中国体育事业的向前迈进作出了巨大贡献。

应该说吴蕴瑞是中国近代体育思想的集大成者。吴蕴瑞先生的体育思想形成具有阶段性,并不能把他的体育思想简单地归结为西方学者体育思想的简单继承和发扬,而要客观地结合吴蕴瑞所生活的时代背景和当时的社会环境,以及在梳理吴蕴瑞成长和求学经历之后,再去分析其体育思想形成的过程,才能更清晰地了解他本人及其体育观念的精髓。以史鉴今,传承和弘扬中华体育精神,把吴蕴瑞体育思想融入课程思政建设,丰富和建设思政课的教学资源,让更多学生了解中国体育,热爱体育,真正实现思想升华、精神凝聚、行动引领,助力实现中华民族的伟大复兴。

三、行动强者:吴蕴瑞与运动会的发展

在近代中国,早期的运动竞赛主要由各大城市的基督教青年会和一些教会学校组织操办,也因这些运动竞赛的举办,逐渐将西方的一些体育运动项目传入中国。1899年,上海南洋公学召开运动会,"于民国纪元前13年,为母校开学之第三年,即开第一次运动会,为沪上各校先"[1],成为中国较早举办运动会的官办学校。1890年,在上海的教会学校——上海圣约翰书院,在春、秋两季召开过田径运动会,堪称我国最早举行的学校体育运动会。随后,体育竞赛逐渐从校内规模扩大到校际之间的运动会,例如,1902年初见规模的天津市各校联合运动会,1903年山东烟台出现的烟台阁滩运动会,1904年在苏州东吴大学召开

---

[1]《南洋公学的第一次运动会》,《南洋》1915年第1期。

的华东四大学体育联合会等,这些运动会的举办,促进了学校对体育运动的重视,也加强了校际联结与合作。1910年10月18日至22日,恰逢南京贸易博览会期间,由基督教青年会系统组织和筹办的旧中国第1届全国运动会在南京南洋劝业场召开。第1届全运会原名为全国学校区分队第一次体育同盟会,辛亥革命后被认定为旧中国第1届全国运动会,从此,一个以奥运会形式为蓝本的体育赛事活动逐渐走向全中国,具有划时代的意义。

尽管这一时期的体育竞赛活动表现出地区发展的不均衡,体现出参加人数受到限定、运动竞技水平不高,赛场上使用的都是英文等特点。但是,这些早期的运动竞赛依然对中国日后的竞技体育运动的发展具有积极的推进作用。民国以后,随着全国运动会的举行,以及获得远东运动会的主办权和急需运动员参赛,全国各地出现了大量的体育运动队,使得运动竞赛由教会系统的狭窄范围向各地各级学校和全社会过渡。与此同时,参赛的赛事规模也逐渐走出国门、迈向国际,开始派出选手参加亚洲及世界性体育组织的竞赛活动,在以赛促教、以赛促学、以赛促改、以赛促建的过程中,逐渐提升了当时国内体育竞赛项目、竞赛规则、度量单位、参赛选手等方面的认知水平,并日益与国际竞赛机制、规则、标准相接轨。至20世纪20年代,我国近代体育运动的竞赛体制初步形成,在新文化运动的影响下,民族自决唤醒国人收回"体育主权"的决心,开启了由中国人自主办赛的进程。国内开展的主要体育竞赛活动包括旧中国全国运动会(见表4-3)、各大区运动会和各省市运动会等。

表 4-3　旧中国历届全国运动会一览表

届　次	时　间	地　点	组　织　方
第 1 届	1910.10	南京	基督教青年会
第 2 届	1914.5	北京天坛	北京体育竞进会
第 3 届	1924.5	湖北武昌	全国业余运动联合会 武汉体育界人士
第 4 届	1930.4	杭州	中华民国
第 5 届	1933.10	南京中央大运动场	南京国民政府
第 6 届	1935.10	上海江湾体育场	上海市政府
第 7 届	1948.5	上海江湾体育场	南京国民政府

注：本表根据史料、报刊整理而得出。

不仅是接连举办国内的赛事活动，对于国际性体育竞赛活动，包括远东运动会（旧称远东奥林匹克运动会）在内，旧中国也曾派出选手参赛。远东运动会是亚洲最早的国际体育赛事，也是亚洲运动会的前身之一。远东运动会共举办了10届，其中，在中国上海举办过3届，在菲律宾马尼拉举办过4届，在日本举办3届（见表4-4）。远东运动会的竞赛项目包括田赛、径赛、游泳、足球、篮球、排球、棒球和网球八项，至第10届时增加全能一项。各项均设锦标，并在此基础上设总锦标。中国在远东运动会上曾连续获得9届足球冠军，说明中国足球运动在20世纪二三十年代曾居于亚洲领先地位。其次是排球项目，夺得过5次锦标。当时为了从国内选拔出优秀的选手参加远东运动会，对国内各大区举办的运动会,还有旧中国全国运动会的竞赛项目、制度,以及经费和场地设施等方面都加强了建设,推动了竞赛活动发展,产生了较大的影响。

表4-4 历届远东运动会一览表

届次	时间	地点	参加国及人数	总锦标成绩
第1届	1913.2.1—8	马尼拉	中国40人 日本20人 菲律宾70人	菲律宾第一 中国第二 日本第三
第2届	1915.5.15—22	上海	中国200人 日本20人 菲律宾90人	中国第一 菲律宾第二 中国第三
第3届	1917.5.8—12	东京	中国69人 日本144人 菲律宾70人	日本第一 菲律宾第二 中国第三
第4届	1919.5.12—19	马尼拉	中国100人 日本60人 菲律宾130人	菲律宾第一 中国第二 日本第三
第5届	1921.5.30—6.4	上海	中国140人 日本70人 菲律宾139人	菲律宾第一 中国第二 日本第三
第6届	1923.5.21—25	大阪	中国113人 日本177人 菲律宾141人	日本第一 菲律宾第二 中国第三
第7届	1925.5.16—22	马尼拉	中国125人 日本142人 菲律宾174人	菲律宾第一 日本第二 中国第三

续 表

届次	时 间	地点	参加国及人数	总锦标成绩
第 8 届	1927.8.27—9.3	上海	中国 180 人 日本 160 人 菲律宾 170 人	日本第一 中国第二 菲律宾第三
第 9 届	1930.5.12—20	东京	中国 170 人 日本 180 人 菲律宾 170 人 印度 4 人	日本第一 中国第二 菲律宾第三
第 10 届	1934.5.12—20	马尼拉	中国 150 人 日本 120 人 菲律宾 180 人 印度尼西亚 15 人	总锦标赛 成绩取消

注：本表根据史料、报刊整理而得出。

诚然，20 世纪 20 年代前后中国人组织和参加的所谓国内和国际性体育活动，多是一些由基督教青年会或是非官方性质的民间社会团体参与指导和组织。从积极方面来看，它使旧中国的体育运动得到了新的发展；从消极方面来看，这些活动举办过于依赖外籍人士和国外体育组织，致使失去办赛主动权，竞赛规则也沿用西方规制，致使国人丢失信心，士气不振。当五四运动爆发后，中国人开始逐渐有了民族自决意识，收回体育主权的热情日渐高涨。

如前所述，吴蕴瑞早年求学南京高等师范学校体育专修科，师从麦克乐，而麦克乐曾是中国基督教青年会体育部干事，很显然，吴蕴瑞青年时期和基督教青年会接触较为紧密，但是从现有留存的资料来看，他把主要精力投入学术研究，这一时期并未参与体育竞赛活动。1924年,中华全国体育协进会成立,这一组织积极开展国内及国际体育事务活动,其中包括组织中国代表团参加第十届、第十一届奥林匹克运动会,主办上海万国运动会、万国足球赛、万国篮球赛等体育赛事。吴蕴瑞逐渐参与协会的日常事务,日后他被推选为董事,更加快其投身诸多体育学术研究和体育竞赛活动之中。

1927年,吴蕴瑞留学归国后,在国立中央大学体育系任教授。后来,他又应聘为国立中央大学体育系主任。这一时期,一方面,他以精勤奋励、治学严谨、学术渊博而闻名;另一方面,他也开始逐步参与体育赛事活动的组织和筹办事务。

1930年春,南京市政府在公园路市立公共体育场,举办了声势浩大的南京市中小学第二届运动会。此次运动会的总裁判长由时任国立中央大学体育系主任吴蕴瑞担任。为体现出本次竞赛的公平性,大会所请裁判也多为体育界学识渊博、经验丰富的教授,还有一些曾经在杭州第四届全运会上服务过的人员。在5月10日的开幕式上,中央军陵军乐队前来奏乐助兴,还举行了运动员入场仪式。在主席台前就座的吴蕴瑞一身白色薄西装,胸佩总裁判长的标志带,手持进口计时秒表,英姿勃勃,仪态庄重而潇洒。①

对于这次南京市中小学运动会的举办,欧美各国记者及国内各报记者纷纷争着拍照。教育部还派出摄影组前来赛场拍摄了纪录片。运动会上涌现出几十名有一定前途的小选手,还破

---

① 《吴蕴瑞——从南京走出的中国首位体育教授》(2008年5月27日),东南大学校友总会,https://seuaa.seu.edu.cn/2008/0919/c1827a26961/pagem.htm,最后浏览日期:2023年11月1日。

了首届南京市中小学运动会上的十三项田径纪录。这个成绩的取得,吴蕴瑞和袁宗泽、郝更生、黄丽明等体育专家功不可没。吴蕴瑞也为这届运动会的成功举办出谋划策,制定规则。就连跳远比赛中的沙坑、沙子质量,跳高比赛中的木杆质量,他都要亲自检查。他在比赛中执法公正严明,几乎放弃了全部休息时间。

几天后,南京市教育局的刘局长特地前往南京成贤街吴蕴瑞的住所拜访,送上茶点、绿豆糕等小礼物,并取出一个信封,说:"为了表达感谢之意,局里决定给您一份津贴费。"没想到,吴蕴瑞很不快,变了脸色,对刘局长说道:"贵局此举欠妥,我只收下礼物即可,至于津贴费万万不会收下的。我们能为孩子们的体育运动出些力本是理所当然的。我相信其他教授也不会收取这笔津贴费的。"[①]

1932年,吴蕴瑞被聘为教育部体育委员会委员,其他委员包括褚民谊、张之江、周亚卫、王正廷、张伯苓、袁敦礼、郝更生、吴蕴瑞、马良、许庞厚、徐致一、张信孚、陈洋岭、沈嗣良、黄丽明、张汇兰、高锡威和张炯等18人,由郭莲峰任秘书长。这个委员会是教育系统中的一组行政机构,也是一个独立领导学校体育和社会体育的行政机关,制订有关体育的法令和法规,督促体育法规的实施。由吴蕴瑞、袁敦礼、郝更生联合起草的《国民体育实施方案》的颁行,在一定程度上反映了当时吴蕴瑞与其他一批体育家希望国民体育从无序化发展成规范化,并将其作为一桩

[①] 《吴蕴瑞——从南京走出的中国首位体育教授》,《金陵晚报》2008年5月27日第3版。

宏大的事业长久发展,彻底改变国民体质孱弱的现状。

旧中国全国运动会一共举办了七届,从1930年4月在杭州举办的旧中国第4届全国运动会开始,后续届次则由国民党政府举办全运会。旧中国第5届全国运动会"与历次全运会相比,此届全运会比赛场地之宏伟,赛事规模之宏大、参与人数之众多,比赛成绩之优异,实属空前之盛会"。① 这届全运会原定于1931年召开,却因"九一八"事变和长江发生洪灾而延期一年,紧接着1932年又发生淞沪战役,民国政府教育部于1932年12月决定将运动会推迟到1933年10月10日在南京中央体育场召开。行政院第76次会议决议通过并拟定了筹备委员会组织规程及经费概算。"大会筹备工作由教育部聘请了24位知名人士组成筹备工作委员会,全面负责筹备工作。""吴蕴瑞为副总干事。该委员会下设竞赛委员会、审判委员会、奖品委员会及文书组、宣传组、庶务组、会计组、招待组、卫生组、交通组。而竞赛委员会又下设场地设备股、注册编配股、裁判股、记录股、奖品股、国术股等。"②

为办这届全运会,全国运动大会筹备委员会提出在南京兴建一座大规模的中央体育场,"该场位于首都,密迩陵园,其式样之选择颇费踌躇……结果采用中国建筑之精神,而将其形体与装饰略加变化,使合于体育场之用"。③ 由于中央体育场离市区

---

① 王翠芳、史国生、祝玮东:《对民国第五届全运会闭幕式的考证》,《南京体育学院学报》(社会科学版)2015年第6期。
② 同上。
③ 二十二年全国运动大会筹备委员会编:《二十二年全国运动大会总报告(题前)》,中华书局1934年版,第1页。

较远,观赛车辆和观众太多,交通组对交通事宜进行部署,规划出行程路线,将进出中央体育场限定为单行线,"出城(朝运动场方向)车辆自出中山门即向左靠城墙根前进,经明孝陵、总理陵墓而达运动场,回城即向左经孝陵卫而回"[①]担任"筹委会副总干事、场地设备股股长的吴蕴瑞对此场地建设提出了批评,认为运动场离城区太远,往来交通不便;田径赛场看台占地平面太大、跑道太宽、沙坑太深太短;而棒球场太小等"。[②] 可见,南京中央体育场虽然在当时属规模空前,但是在使用中依然存在瑕疵。

值得关注的是,在这届全运会上,包括男子100米跑、200米跑、跳远、张龄佳的十项全能、广东队4×100米接力、上海队4×400米接力、女子上海队4×100米接力等,共打破19项全国纪录。特别是奖品委员会为此召开两次会议,形成了奖品的分配原则和奖品颁奖原则决议:"一是各项奖品,根据第一次奖品委员会决议三原则支配之;二是打破全国纪录者,奖品应从优发给;三是男女田赛、竞赛、游泳、国术之个人总分第一者,均发给奖品;四是指明各项锦标之奖品,而未指出性别者,分配与男女锦标项内;五是凡参加本届全运会之各单位,无论有无得分,均有本会制赠纪念旗一方,以志纪念(倘赶制不及,由邮分寄);六是编制会歌者(作者注:刘清徐作词、赵元任作曲),以筹委会名义赠给纪念品;七是凡参加本会之职员及运

---

① 二十二年全国运动大会筹备委员会编:《二十二年全国运动大会总报告(第三编各组股工作报告)》,中华书局1934年版,第11页。
② 王翠芳、史国生、祝玮东:《对民国第五届全运会闭幕式的考证》,《南京体育学院学报》(社会科学版)2015年第6期。

动员,均有奖品股拟制纪念章,分别致送,以志纪念(倘赶制不及,由邮分寄);八是赠送男女各队童子军纪念旗一方,鉴于童子军的优异表现,最终大会评判会议决定制送锦标及服务纪念章分与各队各员,借以鼓励。"①

可见,此届奖品委员会对奖品和奖章及纪念物制定了详尽的发放细则,反映了筹备委员会对此届全运会办会做了一些积极的工作。另外,发放的奖品以精神奖励为主,旧中国第5届全运会与旧中国第4届全运会出现过强征奖品的现象不同,意图以精致高贵的奖品激励体育竞赛,作出这样的改变也许要归因于在经历"土洋体育之争"的论战之后,这届筹备委员会突出体育大众化的理念,实现办赛中的去"锦标主义"和"选手制"的竞技。

此届全运会办会期间,正值国家内忧外患、民族生死危亡之时,国人的民族主义情绪和体育救国的呼声日益高涨。若总结此届全运会举办目的,可以从三个方面来概述:其一,召开此次全运会意在团结民众抗日,共赴国难,显然,这一目的带有政治意味。"尤其是东北四省运动员经历重重困难聚集首都,加上各种国难标语,各类爱国发言如'告别书'等,使整个大会贯穿着悲情色彩、国难气氛,运动员及各界民众都能受到爱国教育"②;其二,大会筹委会希望促进人们身体健康,唤醒民众发愤图强;其三,国人对于远东运动会上的屡次失败感到十分不满,民众对体

---

① 二十二年全国运动大会筹备委员会编:《二十二年全国运动大会总报告(第三编 各组股工作报告)》,中华书局1934年版,第14—19页。
② 王翠芳、史国生、祝玮东:《对民国第五届全运会闭幕式的考证》,《南京体育学院学报》(社会科学版)2015年第6期。

育成绩怀有悲观,此次举办全运会意在提振民族精神,增强民族信心。

当然,此届全运会举办期间也出现不少混乱现象,如军官殴打学生、观众殴伤维持秩序的童子军、运动员互相殴打、观众互相谩骂斗殴等,都为这次成绩颇佳的运动会带来令国人不满的气氛。在《第五届全运会总报告》中对此做出过一番描述:"大会组织不健全,实际负责者少,一也;选手争锦标或采取不正当手段,甚至发生斗殴,殊有悖竞赛道德,二也;裁判员不能审慎行事,三也;群众不守纪律,无日不发生纠纷,四也。实吾人最不满意者。"①旧中国第五届全运会虽然参与的人数众多,规模之大,在当时已然是盛况空前,但是真正了解体育、懂得体育的人并不多见,能够关心体育运动发展的人更是屈指可数。绝大多数人怀着看热闹的心态,出于好奇去观看体育盛会和比赛项目。

总之,吴蕴瑞自1932年任旧中国全运会筹委会副总干事,连续参与第五、六、七届三届旧中国全国运动会筹备工作,为促进体育发展竭尽心力,可谓行动的强者。但因抗战影响以及"国民党政府始终是从军事化教育和党化教育为出发点","没有真正以提高民众健康水平为宗旨,甚至有时置民众要求于不顾,结果背离了这些怀有美好理想的体育专家们的初衷"。② 致使体育竞赛活动混乱现象频发,也使制订和颁发的体育方案、法规无法落到实处。

---

① 罗时铭、赵诶华:《中国体育通史(第四卷)》,人民体育出版社2008年版,第133页。
② 崔乐泉:《中国近代体育史话》,中华书局1998年版,第132页。

第5章
铤而走险：身处疾风骤雨中

一、东北大学"九一八"之夜

回溯东北大学兴建之初，1921年10月25日，张作霖采纳奉天代省长王永江和教育厅厅长谢荫昌的意见："欲使东北富强，不受外人侵略，必须兴办教育，培养各方面人才，创办大学。"[①]日本方面得知此消息，立即派日本驻奉天总领事前来劝告："你们不必办大学，你们要想培养理工人才，可以到我们旅顺工科；造就医学人才，可以到我们南满医大；学文、学法，可以到日本去，我们可以给予官费优待及一切便利。"[②]张作霖作为奉系军阀，在直奉战争权力争夺中掌握北洋政府的控制权，统治东北和华北。张作霖深知教育立国的重要性，筹办东北大学的意志坚决。经过一年半的筹备，东北大学于1923年4月26日正式成立，并在五年之内成为国内有名的大学之一。"设有文、法、

---

① 中国人民政治协商会议辽宁省委员会、文史资料研究委员会编：《辽宁文史资料（第1辑）》，辽宁人民出版社1981年版，第5页。
② 李星建、李敏：《张氏父子与东北大学》，《文史春秋》2013年第11期。

理、工、农学院和教育学院六院,学生三千人,教授三百人,是国内大学中较大的学校之一。经费每年一百六十万元,居全国各大学之首。"①"建造起宽绰的教授住宅楼,及实验室、图书馆和体育馆。"②除了兴办东北大学,张学良还重视中小学教育发展。据1930年的《东北年鉴》记载,1928年教育经费达52万元多;1929年猛增至1635万元多。张学良还用乃父遗产先后捐180万给东北大学作扩充之用。另捐500万元作汉卿教育基金,年利息70多万元主要用于中小学教员的薪金。张学良认为"世界各国生存竞争,无不以培养人才,阐明学术为根本之计"。可见,张学良和其父亲张作霖一样,重视人才的培养与使用,在教育经费方面不仅不减,反而加大幅度、兴办教育。

在1928年的"皇姑屯事件"中,张作霖被日本人炸死,张学良子承父业,统治东北并接任东北大学校长。1928年6月4日,张学良宣布东北易帜,遵守三民主义,服从以蒋介石为首的南京国民政府,标志着北伐战争结束,南京国民政府完成形式上的统一,以及宣告北洋政府的正式落幕。同年9月14日,东北大学现有教授、职员共200余人,学生1300余人济济一堂,举行开学典礼,张学良发表就职演讲,在开学典礼上发言:

"现在敝人在名义上虽然是大学校长,然而我在学问方面,却是非常的幼稚,尚未受过大学教育。在年龄方面也与诸同学相仿,所以,我对于大学校长的位置,很有抱愧的地方。而保安委员会曾以余之地位,推以本大学校长的重任,这不过是勉强而

---

① 宁恩承:《百年回首》,东北大学出版社1999年版,第42页。
② 刘萧勇:《老校长宁恩承"九·一八"疏散东北大学》,《侨园》2015年第6期。

已。所以我很不愿与诸同学称为师生,不过同学罢了。我更愿常与诸位青年朋友接近,就是我内人亦欲往东北大学受教……我们很愿嗣后时常到校与诸同学接触。至于校长、学生,不过是名义上的问题罢了。学问方面更是重要,好的要特别奋勉,劣的要极力改善。现在我们中国正在风雨飘摇之中,所以,我们中国人的中国,诸位同胞都得努力奋救她的危险。况且人才方面又是特别需要呢。我很希望大家,将来处身社会,要本着自己的人格,拿从前在校时的热心,来处置社会;拿从前批评旁人的话,来整理社会。人人如此,则社会国家就没有不富强的道理。方才我说现在中国需要人才,不是指大人物而言,恐怕大人物多了,不但国家不能富强,反倒要乱。……我说的人才,是指专门人才而言。他学的是工,就要作工;学的是农,就要作农。不要存着当官的心理。然而现在中国的学生,如果试问他们毕业后的事业,他们都说要为国做大事业,那么,岂不是要重开争端了吗?所以,专门人才要作专门事业。诸同学要专心研究,以图用之于来日,造成中国人才,人民中坚,求学事小,国家事大,才不辜负国家兴学的本质和职员教授的苦心哩。"[1]

可见,继任东北大学校长的张学良,励精图治,欲将东北大学办得更有起色。"在北陵校园加建汉卿南楼、汉卿北楼;扩充试验室,创立建筑学系、纺织系、体育系;建造中国最好的体育场,举行华北运动会;加办大学工厂,修理火车机车,以为东大机工学生实习之所。东北大学进展一日千里,蓬勃扩大,东北教育

---

[1] 《张汉卿之东北大学训话词》,《盛京时报》1928年第4版。

再进一步。"①东北大学渐渐现代化,并将曾经的师范部改为教育学院,其中增设体育系,"由郝更生、高梓主持,吴蕴瑞、申国权、宋君复任教授。更有德国人布希(Baucher)为教练"。②"1913年至1925年间,北洋政府债务费和军事费的支出超过了年度支出总额的2/3,平均达到了70%,而年度教育费平均则不到1.5%,政府对教育费的支出实在是少得可怜。"③办学经费成为制约各省学校教育发展的瓶颈。

1929年,国内荒乱,北京、南京均不安定,学生罢课,教员罢工,几乎年年皆有,各校教授欠薪、减薪现象频出。"各省区主管财政者,往往任意推延,多不按期核放,稍有事故,借口停发,致办理多年之学校,无法维持,甚至停辍,良可慨叹。"④而此时的东北大学教育经费充足,使得东北大学的教授阵容日渐壮大,从当时各校教授的收入情况来看,"东北大学教授月薪三百六十元,天津南开大学二百四十元,北大、清华三百元。""文法学院计有黄侃、章士钊、罗文干、邱昌渭、吴柳隅、李正刚诸君;理工学院有冯祖恂、刘仙洲、梁思成、林徽因、庄长恭、王董豪、张豫生诸君;教育学院有陈雪屏、郝更生、高梓、吴蕴瑞、宋君复诸君。"⑤皆为全国知名之士。

吴蕴瑞在美留学期间师承威廉士,并出色地完成了研究课

---

① 宁恩承:《百年回首》,东北大学出版社1999年版,第42页。
② 同上书,第205页。
③ 姜平波:《"公办民助":国立东南大学教育思想的首创及影响》,《东南大学学报》(哲学社会科学版)2021第5期。
④ 舒新城:《近代中国留学史 近代中国教育思想史》,商务印书馆2014年版,第395页。
⑤ 宁恩承:《百年回首》,东北大学出版社1999年版,第206页。

题，于1927年被哥伦比亚大学授予教育学硕士学位。他经过专业的学术训练后，视野开阔，看问题具有思辨性。他发现美国体育源于欧洲，于是决定继续追本溯源，前往英国、法国和德国进一步考察，挖掘体育理论的渊源，收集整理资料，广泛接触专家学者，共同探讨理论问题，得到外国同行的赞许。此时，吴蕴瑞已成为学贯中西的体育通才，迫切回国发展中国体育。

吴蕴瑞学成归国后，于1927年10月至1930年7月，受聘于国立中央大学体育科，任教授兼主任。在南京执教期间，吴蕴瑞接到了一封来自东北大学校长张学良将军发来的信函，邀请他担任东北大学体育系教授。如前所述，张学良继任东北大学校长后，"翌年5月，体育界人士向张建议在东北大学开设体育科，培养体育专门人才，张学良深为赞赏，并表积极支持，遂令东北大学教育学院筹备一起"。[①] 东北大学增设了体育系，急需招兵买马，高薪聘请国内外的体育专家和教授。根据东北大学建校建院系的文字记载，1928年，张学良继任东北大学校长，增设体育系后聘请的教授名单之中便有吴蕴瑞，但需要说明的是，吴蕴瑞此时执教于国立中央大学，对于此时期出现在东北大学的受聘名单之事可能为客座性质。

实际上，吴蕴瑞正式赴东北大学执教的时间是从"1930年8月受张学良将军之礼聘，去东北大学体育科任教授"。[②] 张学良诚挚高薪聘请吴蕴瑞为东北大学体育系教授，可能有四层原因：

[①] 陆军、杜连庆：《略述张学良将军对祖国体育事业的贡献》，《体育科学》1986年第4期。

[②] 刘汉明：《体育界一代师表吴蕴瑞师业迹纪略》，《上海体育学院学报》1982年第4期。

第一，吴蕴瑞在众多报考者中考取江苏省在当年设定的唯一一个体育官费赴美留学名额，出国留学的费用资助由北洋政府下拨；第二，回国后的吴蕴瑞已成为国内体育界的知名专家，并且1930年3月，吴蕴瑞的专著《运动学》由商务印书馆出版，享誉国内外，而此时东北大学设立体育系后，急切需要一流的教授培养专业人才；第三，张学良与张伯苓交情不浅，并且当时成立东北大学委员会，聘请"张伯苓、章士钊、罗文干、汤尔和、萧纯锦、王卓然为委员，他们都是学贯中西，并有办学经验的名人……"[①]张学良在东北大学设立体育系，欲高薪聘请体育专家和教授。张伯苓此时还担任中华体育协进会的要职，与吴蕴瑞同在该组织共事，当张学良向张伯苓询问推荐合适的人选时，张伯苓力荐吴蕴瑞、郝更生、高梓等多位体育界专家；第四，因时局动荡，当时的南京国立中央大学并不安定，学生罢课，教员罢工，教授欠薪、减薪现象频出，吴蕴瑞在国立中央大学的聘期已到时限，遂接受东北大学的高薪聘请，举家前往奉天。此后，受聘于东北大学体育系教授的吴蕴瑞，主讲人体机动学、场地建筑与设备及体操等课程，深得师生的好评。

然而，主政后的张学良因军政事务繁杂，不能全心管理学校。1930年12月，宁恩承任校秘书长，实际主持全校工作。他推行了一系列行之有效的学校管理办法，受到师生们的一致好评。可是，宁恩承担任代理校长时间还不足10个月，就遭遇了"九一八"事变。

1931年9月18日，"九一八"事变爆发。当晚，东北大学组

[①] 宁恩承：《百年回首》，东北大学出版社1999年版，第211页。

织观看电影《金狐》和《银狐》。因为在南方夏季水灾中有14.5万人被淹死,所以看完电影后,学校组织师生纷纷捐款赈灾。晚上10点,学校集体熄灯。突然,日本发动侵略,攻打北大营,东北群龙无首,北大营驻军不战而退。宁恩承接到辽宁省教育厅厅长兼秘书长金毓黻的电话指示:"日本人进攻北大营,你作为校长必须管好学生。"宁恩承需要马上转移200多名女学生,当即命东北大学学生管理员金陟佳女士,连夜将校内200名女生转至钢筋水泥建成的体育馆更衣室内隐蔽;他还命令校工迅速转移实验室中易燃易爆的化学试剂和药品,以免被引爆;同时通知校医随时待命。

1931年,吴蕴瑞在东北大学体育系任教,全家住在东北大学建造的宽绰的教授住宅楼,可见东北大学对当时一流教授的礼聘待遇相当重视。在"九一八"这天晚上,日本侵略者的炮火在沈阳上空乱窜。"吴蕴瑞和他的妻子把孩子们召集到院子里,一边注视着漫天的杀人炮火,一边再三叮咛孩子们说:'要记住,这是日本鬼子的炮火!'"[①]

次日清晨,宁恩承召开全校师生员工大会,当众宣布:

"昨晚十点半日军攻打北大营。半夜十二时以后,大帅府、省政府已经没有人接电话。现在北大营火光冲天,正在燃烧之中,你们全可看见。我的消息,只是这一点点。……如果遇上危险,逃生的次序一定按我所说次序实行:妇孺先离船,其次是教授学生,再次是职工,我是永守舵位,尽力让大家先逃生。"

---

① 莫宇林:《绿色王国不倦的创业者——记全国政协委员、园林专家吴翼》,《江淮文史》1997年第5期。

中国向有国家养士的传统。古人说:"'士报国恩',今天国难当头,我们全是一国的善士,应有'士报国恩'的准备。如果暴风暴雨不久就过去了,大家平安无事岂不好。反之,如果发生任何危险,应该恪守'士报国恩'的信条,就一切无恐无惧了。"①

散会后,宁恩承命学校会计主任把全部膳费发放给各班管理伙食的班长,发放完膳费后铁柜大敞四开,空无一文。宁恩承已抱杀身成仁之心了,要坚守到最后。他最担心的问题是二百名女学生如何转移?他命管理员金女士告知,凡家在沈阳市或沈阳市内有亲友可投奔的任其自由回家或投靠亲友;没有投奔的人,送入小河沿医学院躲避一时。晨八时,先由体育系的德国教练布希探寻一条从北陵前往小河沿的安全可行之路,他的高鼻子、一头黄发,就是通行证、保护色。然后让滞留在学校的女学生三四人一组,穿上破烂的衣服,扮成乡下人,走在前面,叫布希跟在后面,有什么事就上前交涉。两个小时后,宁恩承接到布希打来的电话,告知已将女生全部转移。宁恩承又喜又悲。可喜的是女生们暂时有了落脚的地方,可悲的是中国人在自己国家还要靠一个外国人来保护。

从晨时至中午,全校一片慌张纷扰,许多学生、教授只能各奔前程,大家全在想办法逃难。到了下午时,学校已渐渐安静。宁恩承赶紧到体育系,挑选了身高体壮的学生组成三队护校义勇队,学生们称之为"棒子队"。同时,由宁恩承联系协调了一辆火车,分批将师生转移到车站,吴蕴瑞带着妻子和孩子赶上了最

---

① 宁恩承:《百年回首》,东北大学出版社1999年版,第240页。

后一趟开往北平的列车,当所有师生都登上火车后,吴蕴瑞夫妇也在匆忙中可以暂时缓口气,"'爸爸,我要喝水',6岁的吴翼在车上吵着。吴蕴瑞向车窗外看了看,说:'你们待在这儿,我去买点水就回来。'一会儿他的背影就消失在避战的难民中了。谁知道撕人心肺的汽笛声这时响了起来。火车慢慢开动了。正当全家人焦急万分的时刻,吴蕴瑞提着水瓶气喘吁吁地奔上火车,全家人总算落下了悬着的心。吴蕴瑞那沁满汗珠的脸上,也露出了一丝笑容。"①次日,列车上的师生安全抵达北平。

辗转到了北平,吴蕴瑞一家子人需要在北平赶紧安顿下来,他在北平师范大学体育系找到了一份工作。工作之余,一想起"九一八"事变使东北学生流亡关内,日寇侵占了东北领土并造成东北民众亡省亡家,便心感愤恨。还有"他的几箱心爱的书籍在紧张的离乱中丢失了"②,这是吴蕴瑞一生最大的损失,多少年之后提及此事仍然感到痛心。

二、国立中央大学被迫西迁

国立中央大学的前身是创建于1916年的南京高等师范学校,简称南高师,当时创建的体育专修科,堪称我国第一所正规培养中等以上体育专业人才的高等院校,吴蕴瑞便是这所高校的第一届体育专修科学生。1921年,南高师并入国立东南大学,体育专修科由三年制改为四年制。1927年,国立东南大学

---

① 莫宇林:《绿色王国不倦的创业者——记全国政协委员、园林专家吴翼》,《江淮文史》1997年第5期。
② 同上。

与江苏省内九所专科以上公立学校合并,经过国民政府大学院大学委员会的议决,最终于1928年定名为国立中央大学,被誉为民国最高学府。设立自然科学、社会科学、教育、文学、工学、农学、商学、医学8个学院。国立中央大学达到了1929年7月26日国民政府颁布的《大学组织法》规定的上限,可见其是当时国内一所院系全、规模大的学府。其中的教育学院开设教育学系和教育心理学系2个系,包括体育科、艺术教育科和卫生教育科3个科。

国立中央大学"体育科主任为吴蕴瑞,教授有张信孚、程登科、于振声、高梓等人"。[1] 体育科始终以培养学、理、德、技兼备的中等以上体育师资为己任,积极倡导自然主义体育思想,不再以体操课程为中心,体育科目课程设置更为科学、合理,扩大了体育教育的内涵和外延。在教育理念、课程体系和体育实践活动方面最为领先。同时,吴蕴瑞十分重视物理学、解剖学、生理学、心理学、生物学、社会学、哲学等不同学科对体育师资培养的作用和价值,他说:"凡百学问事业,墨守经验与陈法者,决难进步,移植于科学基础之上,新理乃可层出不穷而效能乃得增进。"[2] 在吴蕴瑞的带领下,国立中央大学体育科为民国时期的中国体育事业输出了一大批优秀的体育师资。

1937年日本发动"卢沟桥事变"后,开始全面侵华战争。自1937年8月13日至11月12日,"淞沪会战"持续了三个月,日本占领了除西方侨民生活的上海租界以外的所有周边区域,上

---

[1] 刘鹏、顾渊彦:《国立中央大学体育教育之研究》,《中国体育科技》2008年第3期。
[2] 吴蕴瑞:《体育科学化》,《科学画报》1935年第5期。

海沦入敌手,成为"孤岛"。

"淞沪会战"实则是"南京大屠杀"的前奏。日军大举进攻南京,8月15日起,国立中央大学连续4次遭到日本飞机轰炸,图书馆、礼堂、牙医专科学校和实验中心被炸,学校损毁严重,遇难校工达7人。当南京危在旦夕之际,国民政府当即作出迁都重庆的决定,国立中央大学也接到了内迁的指令。校长罗家伦向全校教职工宣布,学校准备迁往重庆,并要求全体教师做好长期抗战的思想准备。重庆方面开始动工兴建校舍,校舍地址一部分定在沙坪坝,借重庆大学松林坡的一个小山丘供国立中央大学建校舍使用。11月9日,国民政府正式宣布迁都重庆。面对侵华日军对中国教育事业的破坏,为了保存中华民族教育的国脉和赓续发展,处于战区之中的国立中央大学的爱国师生,冒着敌人的炮火,泪辞故园,背井离乡,辗转内迁至重庆大后方。吴蕴瑞全家随国立中央大学前往重庆。11月22日,国立中央大学在重庆沙坪坝校址正式开学上课。吴蕴瑞"为集中精力,悉心钻研体育学术理论,寻求强民救国之道,从事著述,系主任一职让由吴徵先生担任"。[①]

西迁后,随着抗战形势的变化和社会发展需求的增加,国立中央大学除调整合并原有院系外,还增加了应用科学系(科)的设置。同时,为培养高级学术研究人才和健全的中学师资,行政院于1938年夏决定,在全国六所大学中增设(改革)师范教育,学制五年,最后一年为教学实习。所有师范生均享受公费教育,

---

① 刘汉明:《体育界一代师表吴蕴瑞师业迹纪略》,《上海体育学院学报》1982年第4期。

待学生毕业后,教育部将他们分配到各省担任中学教员或教育行政人员。同年秋,国立中央大学奉命将教育学院改设为师范学院,除原教育学院的教育系、艺术系(包括音乐、绘画)、体育系外,新增设国文、英语、公民训育、历史与地理、数学、物理与化学、博物系和童子军专修科。

改制后的师范学院院系设置和课程设置均居其他学院之首,学生人数仅次于工学院。此时的国立中央大学虽系科门类齐全,但是不少系科设置呈现并列、繁复、无重点的现象,如:"国文与中文,理化与物理、化学等;开设的课程内容和教师也相同,甚至有些课是合班上"①,尤其是师范生还要修读教育学方面的课程,负担很重。此时期的国立中央大学体育系从原来在教育学院时期推行近二十年的四年毕业制改为归并师范学院后推行的五年毕业制。这一调整在推行三年中,逐渐显露诸多缺点,为此,吴蕴瑞在《体育季刊》发表《师范学院体育系之缺点与改进》一文,就学制问题进行专题讨论。他在文章中指出五年制教学的种种弊端:"一、一二年级术科时间太少,减低体育专业精神;二、共同必修科目太多排挤体育学科;三、实习时间太多,第五年竟等荒废;四、不合本国体育教师之需要及经济条件;五、修学年限太长,影响学生来源。"②在此基础上,吴蕴瑞又列举相应改良建议,主张恢复四年制教学,适当减少共同必修功课的数量,但要精化体育专业必修之重要科目。"例如,人体机动学、运动生理学、体育史、健康检查、体育建筑与设备,均为体育专业训

---

① 王德滋:《南京大学百年史》,南京大学出版社2002年版,第204页。
② 吴蕴瑞:《师范学院体育系之缺点与改进》,《国民体育季刊》(创刊号)1941年第1期。

练之重要科目。"①可见,吴蕴瑞提出的建议是结合解剖学、生理学与运动学来阐述体育功能的内涵,体育学体系构架基本"浮出水面"。

随着战火的蔓延,大片国土的沦陷,涌入大后方的人员越来越多,中央大学在校人数激增,学校筹划建立分校方案。经教育部批准,学校决定在离重庆市60华里(合30千米),从沙坪坝沿嘉陵江而上25华里(合12.5千米)的柏溪建立分校。

柏溪是江北县的一个小山村,这里四面环山,岗峦起伏,清澈的溪水从长满翠柏的河边流过,依山傍水,恬静幽雅,校长罗家伦把这个没有地名的村子取名为柏溪。总面积为148亩(约合98 667平方米),呈西南东北走向,中部较为平整,辟作饭厅和运动场,围绕运动场修筑16尺(约合5.33米)宽的马路,为校内主干道,分设教学区和生活区。校舍建筑也采用松林坡建校经验,包工包料,不分昼夜,突击施工,历时两个月,建屋44栋,耗资13万元。后来又相继增建了游泳池、工场和防空洞,设施逐步趋于完善。

抗战时期,重庆的办学条件异常艰苦,白天低沉的飞机轰炸声让整个重庆显得格外嘈杂,夜幕降临后,豆大的灯光宛若繁星点点在夜空中闪烁,师生在油灯下教学苦读。校长罗家伦认为"体育是完人第一个最重要的条件"。学校对体育教育的重视,不仅只为增强体质,还能培养学生的团结合作和公平竞争的精神。因此,抗战期间,中央大学即使学生活动场地有限,但是依

---

① 吴蕴瑞:《师范学院体育系之缺点与改进》,《国民体育季刊》(创刊号)1941年第1期。

然组织学生在松林坡的通道上进行拔河、立定跳远、接力赛等活动。还举办校际篮球、排球和足球比赛,学校对体育运动非常重视。同时,中央大学对学生注重军事化训练和管理,借此培养学生勇敢、守纪的军人风尚,以备战时之需。

在重庆期间,吴蕴瑞虽将系主任一职让由吴徵先生担任,但他凭借渊博的学识,融贯中西的体育视野,多年潜心教学的经验和享誉海内外的著书立作,依然备受尊重,他的一言一行也深深地影响着门下的每一位体育学子。"忆1941年岁首,吴师在重庆度五十诞辰时,南京高师、东南大学、中央大学体育系科全体同学联名为吴师寿,记当时寿文中有:'恭维吴公,三十年教育英才,桃李遍九州四海;八千里奔波事业,著书满数百万言。走云烟于笔底,罗锦绣于胸中。海鹤想其精神,体坛推为祭酒。间以余暇,书画怡情。固不独为体育之泰斗,实亦艺苑之英豪。……"①可见,吴蕴瑞的品行学养深得学生们的敬重。

不仅如此,吴蕴瑞还广结善缘。吴蕴瑞的学生刘汉明曾追忆道:"记抗战时期,吴师住重庆沙坪坝杨家花园","闲以余暇,以书画自娱",吴之书画,"以工力胜人,不以妍妩见长"②,颇为海内书画名家所推崇。他经常邀请艺苑名流,名流必至。

如前所述,吴蕴瑞与徐悲鸿在国立中央大学执教期间,不仅是工作中的伙伴,在平日生活中以画会友,建立了深厚友谊,成为莫逆之交。1938年的新年,中国的抗战形势愈加紧张。1月上旬,时任中央大学体育系主任的吴蕴瑞与艺术系主任徐悲鸿

---

① 刘汉明:《体育界一代师表吴蕴瑞师业迹纪略》,《上海体育学院学报》1982年第4期。

② 同上。

流寓重庆，挚友间谈论国难民情之时，徐悲鸿情有所触，奋笔挥毫，顷刻便写就了一幅寄寓着无限深意的激情之作——《负伤之狮》，为的是唤醒国人的救国意识。《负伤之狮》是一幅现实主义和浪漫主义结合的杰作。画作中的雄狮，双眼炯炯有神，含着无限深意。回望凝眸间积聚着一股蓄势待发的决心，蕴含着奋力拼搏的力量。徐悲鸿在画的右上角题词，以记述这幅作品诞生的不寻常经历，画作上的题跋写道："国难孔亟，时与麟若先生同客重庆，相顾不怿，写此聊抒忧怀。"

后来，徐悲鸿将作品留赠给吴蕴瑞以资纪念。吴蕴瑞不仅具有文人风骨，平易近人；又重振尚武风气，办学益奋，主张体育科学化及学术化，可谓近现代中国不可多得的学贯中西的体育通才。

三、黎明前的黑暗

1945年8月15日，日本无条件投降，抗日战争结束。在抗战的疾风骤雨中被迫西迁的国立中央大学，迎来了复迁南京的曙光。新校长吴有训刚上任不久，就开始了学校复原东还的筹备工作。1945年9月底，中央大学成立了复原委员会，吴有训任主任，江良规和胡家健任副主任，主要负责复迁启动以及校产接收和修缮工作。

为了准备复迁，复原委员会做了很多繁杂的工作。一方面，需要清点和接收校产，可这一过程并不顺利。抗战期间，位于南京的国立中央大学四牌楼校区被日军征用为军医院。抗战胜利后，四牌楼校区由国防部接管，改为陆军医院，接收了数百名伤兵。因此，归还校产事宜延后到次年2月。若顺利接收后，欲将临近四牌楼的校区作为校本部，学校的行政机关和文、理、法、师、工及农学院的一部分设于此，原牙科大楼改作大学医院和牙症医院。而原中央大学在丁家桥一处的校产被国防部改为仓库，后经多方交涉，在同意归还的基础上，将原南洋劝业会旧址及100余间房屋一并拨交中央大学，使占地面积扩大到800余亩（合约0.53平方千米）。这批房屋，为第一批复员的师生找到了暂时的"宿营地"。之后将医学院和畜牧兽医系以及一年级新生、先修班学生集中于此，习惯上又称这处分部为新生院。

另一方面，复原委员会要多筹备经费。经教育部核准，中央大学的复员经费为法币81亿元。同时，联系运输工具，校复员委员会想了诸多办法，还特购置三条大木船，争取多方校友的相助，动用了水、陆、空各类交通工具。另外，教务处缩短学期，整个学年教学工作提前至1946年4月15日结束。就这样，重庆沙坪坝校区的师生于当年7月底之前分批返抵南京，而图书、仪器设备于10月中旬运抵南京。

回到南京后，复员的中央大学教师队伍较之前的人数略有缩减。部分滇、川籍教师没有随校东下；在重庆延聘的教师大多是战时流亡到内地的，抗战胜利后便又回原地去了，实际随校东还的教师不足700人。鉴于此种状况，学校积极网罗人才，充实师资队伍，延聘了著名教育学家陈鹤琴、徐养秋，史学家罗尔纲，翻译家罗大纲，核物理学家赵忠尧，皮肤科专家于光远等。

1946年11月1日，中央大学终于迎来了在南京正式开学的日子。除随迁返校的师生和复员后新招收的学生外，学校还吸纳了教育部分配的青年军复读生、沦陷区的中央大学转过来的插班生,还包括华侨生以及一部分来自印度、巴基斯坦、土耳其和韩国的留学生。

复员后的中央大学规模是战前的三四倍,对校舍的修建与扩建耗费巨资,在图书馆设施的建设上给予重视,并且全校院、系、所的设置也进行了系统的调整,学校共设7个学院,43个系(含专修科),26个研究所,是全国国立大学系科设置最齐全的大学。7个学院分别是文学院、理学院、法学院、师范学院、农学院、工学院和医学院。

此时,由徐养秋担任师范学院的院长一职,他主持院务工作,尤为重视学术研讨。师范学院的师范生一律享受甲种公费,不仅学膳费全免,还有少许生活补贴,受到不少学生的欢迎。同时,中央大学的师范学院还实行志愿师范生办法,就读文、理两院的学生,在入学时就可以提出申请,审批通过后,便可享受师范生的待遇。但实际上,师范生除随原系就读、修满学分之外,还需修满师范学院规定的教育学课程,并完成一年的教育实习。中央大学师范学院推行的志愿师范生办法,确实为一些家境贫困的学生解决了求学困难的问题。师范学院的设置,其目标主要是培养中等教育师资,因此,学院设有教育系、艺术系(含绘画、音乐专业)、体育系。1943年,师范学院的体育系学制为5年,又增设二年制的体育专修科,专修科学制为3年,以应对体育系毕业生不敷分配的局面。自此,体育系与体育专修科二者并存,直至1952年院系调整。

"体育系学生一般由各省教育厅保送,再经学校甄别考试后正式录取。一年级新生考试科目中,报考体育科系的学生需要考国文、英语、公民理化、中外历史、中外地理及术科(田径、器械、球类)。经一年级新生考试及格录取入学后,参加二年级转学生考试,体育学系要考的科目有人体解剖学、人体生理学及术科(田径、球类、技巧运动),体育专修科的则要考体育概论、运动裁判法和术科。可见,学校对体育系和体育专修科学生的培养已经颇为重视学生的综合素质,包括文化知识、专业理论及运动技能等。"①

事实上,这种因公共必修课程太多而排挤其他学科课程的现象很难真正消除。1941年,吴蕴瑞仍然认为,体育系"共同必修科目太多排挤体育学科","此师范学院学生之所以多想转文、理、法各院也"。② 为此,吴蕴瑞建议学院调整体育系科培养方案:一方面,在教育和体育理论等学科领域增设一些课程,以期更好地达到夯实专业基础、实施"广义的体育陶冶"的目的;另一方面,不断地对必修课和选修课数量进行调整,使整个课程体系变得更为灵活,也更为合理。1929年,吴蕴瑞在介绍中央大学体育系时曾说,体育系学生"于术科之外,尤需注意于学科,对于体育本身科学,如原理方面、教学方面、生理方面、组织行政方面、建筑设备方面,固应研究"。③

随着吴蕴瑞的多部著作和多篇文章问世,他已成为当时国内知名的体育教育专家,与其共事的还有江良规、吴赝等各具特长的学者,壮大着中央大学的体育系。当时的体育系设施也堪

---

① 刘鹏、顾渊彦:《国立中央大学体育教育之研究》,《中国体育科技》2008年第3期。
② 吴蕴瑞:《师范学院体育系之缺点与改进》,《国民体育季刊》1941年第1期。
③ 吴蕴瑞:《国立中央大学体育概况》,《体育杂志》1929年第1期。

称一流,"体育系所在的体育馆分上、下两层,上层为健身房,下层为办公室、教室、淋浴室、更衣室等,游泳池在其北,运动场在其东,使学生们的学习与训练极为方便"。①

由此可见,培养体育师资乃是从南京高等师范学校到国立东南大学再到国立中央大学一贯追求的目标。为了实现培养中高层次体育人才的目标,吴蕴瑞与中央大学体育系诸位教授不断充实和完善自身课程体系,注重普通学科知识和专业理论基础,并对讲座、竞赛和试教等教学活动形式进行有效组织和相互结合,使体育系学生得到了较为充分的培养和诸多方面的锻炼。国立中央大学体育系,不仅为其他体育师资培养院校改革提供可资参照的经验,更引领着民国后期体育师资培养不断向更高层次和更高水平的目标迈进。

东还复原的中央大学在短时间内成为当时国内规模最大的综合性大学。同时,为了增进师生联系,加强技艺切磋,学院还制定了"教育接待日"制度,师生可以直接面对面畅所欲言,增进了解,营造融洽的师生关系。

随着国共双方全面内战的大爆发,军费开支巨大,财政拮据,入不敷出,通货膨胀、物价飞涨,民怨不断。公教人员和青年学子的衣食温饱也受到影响,处于饥不择食的状态。1947年5月,一场"反饥饿、反内战、反迫害"的青年学生爱国民主运动从中央大学发起,扩展到北京、上海、苏州、杭州、天津等全国60多个大中城市,史称"五二〇"运动。1947年5月6日,中央大学教授会发出召集令,召开了全校教授大会,会上通过了《要求提

---

① 王德滋:《南京大学百年史》,南京大学出版社2002版,第125—264页。

高教育经费,改善教员待遇宣言》,宣布了五项决议,并决议表达出"如果不能实现目标,我们要为国家的前途和现实生活采取适当步骤,切实执行五项决议"的决心。

自从爆发"五二〇"运动以后,国民政府更加紧了对学生运动的镇压,校长吴有训是以科学家的身份担任中央大学校长的,他曾为自己立下了"办教育而决不沉浮官场"的信言,以及"合则留,不合则去,决不苟同"的原则。他与国民政府的教育理念不同,多次提出辞职申请。1948年8月,吴有训辞职申请获批以后,教育部任命原教务长周鸿经担任中央大学校长。周鸿经一上任,随即改组了学校的行政机构,聘吴功贤任校长办公室主任秘书,罗清生任教务长,沙学俊任训导长,戈定邦任总务长。

随着中国人民解放军相继取得了辽沈、平津、淮海三大战役的辉煌胜利,这时南京国民政府已经做好了迁都广州的准备。行政院下达了《国立院校应变计划》,要求各院校拟定应变措施,选定搬迁校址,报教育部备案。1949年元旦前夕,中央大学接到了来自教育部关于迁校的密电。校长随即安排人员赴广州、厦门、台湾寻觅新校址,背着教授会私下草拟转移教授名单,遭到了大多数中央大学教授的反对。在21日举行的校务会上,讨论迁校问题时引起大多数教授的反对,迫使通过了"以不迁校为原则"的决议。随后校方成立了由校长、教务、训导、总务、各学院院长、校医院院长、会计室主任以及各院师生代表等21人组成的应变委员会。

很快,中国人民解放军的炮声直驱南京,行政院紧急下达疏散令。中央大学南迁计划流产,学校管理者相继弃职。党总支立即抓住时机,提出"反对教育部派校长,要求教授治校"的口号。随后的几天之内,学校陆续成立了以学生、职员、工友为主体的三个应变会。"31日,中央大学教授会投票选举,产生中央大学校务维持会,分别选出欧阳翥、郑集、张更、蔡翘、刘庆云、梁希、吴蕴瑞、胡小石、楼光来、吴传颐、刘敦桢11名委员;李旭旦、张江树、宗白华、钱钟韩4名候补委员;并推定梁希、郑集、胡小石为常务委员,主持校政。"①这些中央大学的进步人士组织护校委员会,吴蕴瑞积极参与护校运动,当很多仪器都被装箱要被抬走时,吴蕴瑞和其他教授们及时上前阻止,直接坐在箱子上,不准抬走。教授们"不畏强暴,抗拒搬迁,防止破坏,保持了当时号称最高学府之元气,其功非浅。斯时,国民党已土崩瓦解,动乱之余,人心不定,中大体育系仍由吴师出任主任,用孚众望"。②2月4日,召开系科代表大会,汇合各应变会组成中央大学应变会,下分财务、购料、校产监督等委员会。在中大应变会第三次会议上,吴蕴瑞被聘为一部警卫组主任,召集驻校警卫,叮嘱加强工作,以防盗窃。1949年2月7日,中央大学如期复学。日后,王德滋回忆说:"如果没那次护校斗争,也许就没有今天的南京大学。"

1949年4月,南京解放。5月7日,中国人民解放军南京军事管制委员会委派市军管委员会大专部部长赵卓为中央大学军代表,负责该校接管事宜,宣布由森林系主任梁希主持校务。中央大学师生经历了"起看星河含曙意,愿将热血荐黎明"的"应变、护校、迎解放"斗争,终于熬过黎明前的黑暗,迎来了新生的曙光。

---

① 王德滋:《南京大学百年史》,南京大学出版社2002年版,第284页。
② 刘汉明:《体育界一代师表吴蕴瑞师业迹纪略》,《上海体育学院学报》1982年第4期。

同年8月8日，国立中央大学改名为国立南京大学，开始步入崭新的社会主义新型大学建设的历史性进程。1950年10月10日，华东军政委员会教育部下达一则通知："经政务院核定，除私立学校于校名上加冠'私立'二字外，各级学校校名不加国立、省立、市立及公立字样。"自此，国立南京大学删除"国立"二字，更名为南京大学，开始逐步实现教学改革，将原有的学分制改为学年制，各院系也进行了重新调整。至1952年6月，南京大学共设立文学院、法学院、师范学院、理学院、工学院、农学院6个学院，涵盖了中文、历史、哲学、政治、经济、法律、教育、美术、音乐、体育、数学、物理、化学、生物、土木工程、航空工程、园艺、农艺、食品工业等37个系，开设体育、地理、畜牧兽医和林业4个专修科，踏上了综合性大学的教育之路。

吴蕴瑞自解放后仍继任南京大学体育系主任一职，他的学识和为人令群情悦服。至1950年，吴蕴瑞仍任南京大学体育系主任，兼任华东军政委员会委员。1952年，吴蕴瑞接到筹建第一所新中国体育高等学府的新任务，欲在南京大学体育系、华东师范大学体育系和南京金陵女子文理学院体育科的基础上，筹建华东体育学院。吴蕴瑞担任首任校长，在没有任何现成经验可以借鉴的情况下，从教学计划、教学大纲、教材抓起，积极引进人才，提升高水平师资力量，进行学科建设，开启了艰辛的建校历程。1956年，华东体育学院更名为上海体育学院，为新中国体育师资的培养、事业腾飞谱写了时代华章。

总之，吴蕴瑞终生从事体育教育事业，其深厚的学养和对体育事业的精专，影响了众多学子，桃李遍四海。作为中国体育教育事业的先驱，吴蕴瑞为我国体育的本土化、科学化发展探明了道路。

第 6 章
寸阴若岁：体育强国　睡狮方醒

一、奉命创建新中国体育高等学府

今天坐落于上海市杨浦区清源环路650号的上海体育大学中的绿瓦大楼，是昔日的旧上海特别市政府大楼，它见证了山河尽国殇的岁月中上海经历的风雨飘摇。

回溯近代以后的上海，在中国政治、经济、文化上的地位日益重要。南京国民政府建立后，遵循孙中山先生"建世界港于上海"的方针，1929年7月，上海特别市政府第123次会议提出了立足江湾五角场地区实施"大上海计划"的意见，规划建设与租界相抗衡的华界盛世。因原老城厢所处的沪南地区人口稠密无法再行建设，遂决定在沪东北临黄浦江、吴淞口，西南与市区相近的江湾一带约4.6平方公里地区划为市中心区域，计划建设一个属于国人的新上海，打造出能够与租界遥遥相对的另一个市中心。

"大上海计划"的各项工程于1930年开始，包括上海重新区划建设、基础设施建设、全市道路系统改建等，它是20世纪前期中华民族文化、艺术、建筑以及城市发展水平的重要物证之一。特聘请先后就读于清华大学、明尼苏达大学和哥伦比亚大学,学贯中西的董大酉负责"大上海计划"的城市规划和建筑设计,首批施工的建筑包括上海市图书馆、博物馆、体育场、中山纪念堂等。特别是作为"大上海计划"中"市中心"的核心建筑旧上海特别市政府大楼,采用了民族主义和实用主义相融合的理念,"外观须保存中国固有建筑之形式,参以现代需要,使不失为新中国建筑物之代表",备受当局重视。绿瓦大楼的建造并不顺利,它自1931年7月举行奠基典礼,后因上海爆发"一·二八"事变,建筑工程一度被迫中断,直至1933年10月,大楼才最终竣工落成。整个建筑气势宏伟,美观大方,堪称中西结合的建筑典范。又在该楼北面花园修建了中山纪念堂,堂前设一座像高3.33米的巨型中山先生铜像。

1937年,上海爆发"八·一三"事变,实则是"南京大屠杀"的前奏。日寇兵燹,战火弥漫。绿瓦大楼被轰炸残毁,屋顶变得千疮百孔,整个江湾地区的建筑也难逃厄运。上海沦陷后,绿瓦大楼被日军占领,"大楼北侧孙中山铜像被推倒;墙壁上被日本侵略者写下了'占领'字样;东侧门楣上的石雕被切割下来运至日本,成为宫崎县一座所谓'和平塔'的一块基石……"①,后来,大楼又被伪政府作为办公之地。

在那段动荡的岁月里,为保住中国的文脉,1938年8月,国立中央大学校长罗家伦紧急通知正放暑假的师生决定全校西迁重庆。担任国立中央大学体育系主任的吴蕴瑞,组织系内师生

---

① 黄秀丽:《浴火重生》,《质量与标准化》2020年第9期。

随中央大学前往重庆。1945年,日本无条件投降,可此时的绿瓦大楼历尽沧桑,饱经风霜,悲欢交加如梦一场。

直至1952年9月,国民经济逐渐恢复,第一个五年计划即将开始,加快国家文化建设被提上日程。教育部对全国高等学校院系实施重大调整,华东军政委员会教育部决定合并华东师范大学、南京大学、金陵女子文理学院体育系科,组建新中国第一所体育高等学府——华东体育学院。它的任务是"为祖国培养具有高度政治思想水平,掌握体育理论和熟练运动技术,全面发展的体育专业人才,足以胜任中等以上学校的体育教师和工厂、部队、机关的体育干部"。华东体育学院最初选址在上海梵皇渡路(现名万航渡路)1575号,是原圣约翰大学校址(是年,该校各院系已调整并入其他高校),翌年10月,经教育部批准,又在上海华山路630号开设二部。

筹建之初,华东教育部高教处指定吴蕴瑞、刘德超、张汇兰、吴邦伟、金兆均、吴之仁、章钜林7人组成筹建工作组,吴蕴瑞为召集人。分别从原华东师范大学、南京大学、金陵女子文理学院3校体育系科,华东人民革命大学、圣约翰大学、复旦大学、中华工商专科学校调入部分教职工共计88人,其中,教员25人(教授7人、副教授8人、讲师4人、助教6人),职工63人。同年11月8日,华东体育学院正式宣告成立。12月15日,华东军政委员会教育部决定提请中央人民政府任命吴蕴瑞为华东体育学院首任校长。随后,在北京、武汉、成都、西安、沈阳相继建成了新中国的6大体育高校。

作为新中国第一所体育高等学府的首任校长,吴蕴瑞根据办学方针,秉持现代体育教育理念,做了大量开创性工作,一些留洋博士、硕士、体育界知名教授、"拳王"、"杠王"等纷至沓来。创校初期,由吴蕴瑞、张汇兰、吴邦伟、金兆均、章钜林、刘天锡6人组成专家组,研讨制定第一份教学计划、教学大纲、编写教材等。从筹备到开学仅一个月,基本上完成了各项工作,保证如期开学。

出于对冷战格局的思考和新中国自身发展的需要,新中国成立初期,《论人民民主专政》的发表和"一边倒"外交政策的确定,中国接受了苏联的承诺,由苏联对新中国进行大规模的经济援助。同时,苏联也纷纷派驻体育科研专家来华讲学。苏联体育一时间成为新中国社会主义体育建设的标榜,苏联体育模式被全面宣传、学习和效仿。自1954年始,"中央体育学院先后聘请了10位苏联专家前来任教,对学校各方面工作进行指导,并承担了8门学科的研究生培养任务。华东体育学院聘请了3位苏联专家,也分别担任了院长顾问、教务顾问和竞赛顾问,他们帮助制订教学文件、培养体育师资,到上海市各大中小学、工厂和农村深入了解情况,指导体育活动的开展"。①

1956年2月,华东体育学院更名为上海体育学院。沧桑巨变,红日新生。国家对这所新中国第一所体育高等学府寄予厚望。1956年6月,时任国务院副总理兼国家体委主任的贺龙元帅来到上海,亲自选定清源环路650号为上海体育学院新校址,建筑面积共44 382平方米。从此,那幢仿宫殿式建筑,绿色琉璃瓦顶盖,饱经风霜的旧上海市政府大楼成为上海体育学院的

---

① 校史编委会:《北京体育大学校史1953—2003》,北京体育大学出版社2003年版,第20—21页。

主体办公楼,师生们亲切地唤作"绿瓦大楼"。吴蕴瑞亲自规划新校园,广泛征求意见。他与绿化人员商量后,在校园内建了一个荷花池,又建了一个六角亭,在"绿瓦大楼"前栽种小冬青,组成"发展体育运动,增强人民体质"的字样。这12个字是1952年6月10日,毛泽东为中华全国体育总会成立而题词,预示着要始终着眼于广大人民群众,将发展体育运动与增强人民体质联系在一起,将人民健康与保家卫国联系在一起,将人民健康与经济建设联系在一起,为新中国体育事业的发展指明了方向。

2019年8月,作为上海市文物保护建筑的"绿瓦大楼",历时近3年的修缮,重新揭开面纱,如今透露着盎然生机。这里代表着新中国体育事业的起点,国家开始焕然一新,人民从此扬眉吐气,中国体育事业迎来了春天……

二、前赴后继执炬者

自1952年始,吴蕴瑞任华东体育学院(1956年更名为上海体育学院)校长,做了大量开创性的工作。学校成立之初,人才荟萃,迅速成为体育教育界的一面旗帜,聚集了一大批国内外知名体育教育专家和学者,例如,中国第一位体育女博士张汇兰;"中国田坛元老"刘天锡、刘汉明;"南拳王"周士彬;"北拳王"张立德;"杠王"吴玉昆和董承良;"神拳大龙"蔡龙云;"金哨"王长安;"篮球泰斗"李震中、田福海;排坛元老孙丙熊;还有金兆钧、吴邦伟、徐汝康、刘德超、王汝珉、吴澂、王菊蓉等一大批知名教授。这些前辈们共同为学校的发展奠定了基础。

新中国明确"一边倒"的政策后,加入了社会主义阵营,苏联开始对新中国展开援助,也包括对中国体育的援助。苏联方面先后派运动生理学专家、田径专家、足球专家、体操专家、游泳专家、解剖学专家、卫生专家到中国体育院校任教。1953年2月,上海体育学院组织师生学习斯大林体育学院的办学和教学经验。1953年5月12日,苏联体育理论专家凯里舍夫受邀在上海体育学院讲学14天。同年12月,凯里舍夫在中央体育学院担任院长顾问一职,成为最早一批来华的苏联体育专家之一。1954年,根据苏联体育专家的建议,上海体育学院重新调整了教学组织,设立了田径、体操(含武术、舞蹈、重竞技)、球类、体育理论(含体育教学法、体育行政)、解剖、生理(含运动生理、卫生学)等教研组,又办起了政治(含中国革命史、政治经济学、马列主义基础、政治讲座)、俄语、教育学(含心理学)3个教学小组。上海体育学院实施一边"引进来"、一边"派出去"的原则,至1955年12月底,先后邀请凯里舍夫(体育理论)、柏钦柯(生理)、赫鲁晓夫(田径)三位苏联专家进行讲学,同时又选派12名教师分赴中央体育学院、中国人民大学、复旦大学、上海第一医学院等校进修。1957年,上海体育学院开设体育理论、篮球和排球三门学科的研究生班,先后聘请苏联体育理论专家鲍·谢·格拉明尼茨基、苏联排球专家阿·格·阿依列扬茨、苏联篮球专家尤·卡·拉古纳维邱斯三位来校任教。

自1932年至1959年间,上海体育学院除了和苏联体育专家保持紧密的交流外,同时还有保加利亚国家体委主席、莱比锡体育学院考察团、埃及文化代表团、阿富汗奥委会主席、越南体育考察团,以及来自保加利亚、匈牙利、民主德国、蒙古国、波兰、捷克斯洛伐克6国的体育代表团先后抵达上海体育学院进行考察、交流和访问。

然而,新中国在接受苏联援助时期,美国自然体育思想在当时的中国受到冷落。这一时期,吴蕴瑞的体育科研成果也鲜少问世,他所主讲的体育原理由于是美国式课程,便不再开设。路云亭曾采访过上海体育学院的多位老教授,整理成口述史并发表文章写道:"陈允生曾说,1966年一开始吴蕴瑞就完全属于'靠边站'的人士了,实际上从1957年开始吴蕴瑞就已经'靠边站'了,原因不在于人事,还在于当时上海体育学院从建校的1952年起就采用了苏联的体育教学与科研体制,吴蕴瑞所倡导的来自美国的自然体育的理念遇冷,除却解剖课之类的纯生理课外,其体育学术思想基本上失去了效用。"[1]查阅档案史料,发现吴蕴瑞自1952年创校以来至1959年期间,仍有一些关乎学科建设、交流访问的具体事务,从1960年至1966年期间,学校事务多由党委书记和副院长接手。1971年12月,上海市委将华东师范大学、上海师范学院、上海半工半读师范学院、上海体育学院、上海教育学院5校合并,成立上海师范大学。上海体育学院并入上海师范大学体育系,变更为上海师范大学体育系。吴蕴瑞仍留在上海师范大学体育系任职。直至1978年5月,停办6年的上海体育学院迎来了复校之日,也为长达6年之久的"5校合并史"画上了句点。

关于吴蕴瑞担任校长任期的说法,今天的上海体育大学官网公布其在任时间长达24年,实际上,吴蕴瑞自1952年11月

---

[1] 路云亭:《传播的错位:吴蕴瑞个案研究中的三重面相》,《体育与科学》2019年第1期。

受命担任华东体育学院校长,1956年2月更名上海体育学院后继续担任校长一职至1966年6月。而章钜林继任下一任校长时间是1978年的8月,中间存在近12年的空白期,但在法理上校长一职仍是吴蕴瑞,至于出现的这段空白期与我国经历的十年特殊时期有关。

1976年4月10日,吴蕴瑞先生与世长辞,享年84岁。生前任民革上海市委常务委员、上海市政协委员、上海市第1届至第5届人大代表、中华全国体育总会副主席、中华全国体育总会上海市分会主席、上海市体育运动委员会副主任等职。可见,吴蕴瑞的大半生都与体育教育事业有关,他在新中国体育教育事业的起步阶段付出了很多心血,对上海体育学院的创办和学科建设作出了贡献,他的体育思想在新中国体育教育事业发展进程中留下了浓墨重彩的一笔。但是面对美国与苏联的冷战格局和新中国"一边倒"的政策,来自美国的体育思想与苏联的体育思想形成激烈冲突,吴蕴瑞的自然体育观念与苏联体育阵营无形中存在着一条裂隙,这也是吴蕴瑞在长达半个多世纪的体育教育生涯贡献中留存的遗憾。

总之,吴蕴瑞先生的一生夺得诸多第一,对中国近现代体育教育的贡献卓著。他被任命为新中国第一所体育高等学府的首任校长,他与师生共同前行,使上海体育学院成为中国体育高等教育的发源地。上海体育学院也是中国第一所体育学博士点的诞生地,具有特色的办学理念和雄厚的教学、科研实力,为新中国培养更多体育师资力量、专业体育人才以及助力中国体育事业的腾飞奠定了基石。上海体育学院历任领导和师生对吴蕴瑞先生的崇敬和追忆从未间断。

1986年11月,为纪念吴蕴瑞先生,上海体育学院在校园内建造了蕴瑞亭。

1992年11月,吴蕴瑞塑像落成。2007年,在老教学楼前,又立汉白玉雕塑一座。这座洁白庄重的雕塑,展示着吴蕴瑞先生的慈眉善目,他始终凝望着校园,注视着身旁走过的每一位上体人,激励着他们不断进取、拼搏!

2006年,为纪念吴蕴瑞先生忌辰30周年,上海体育学院将吴蕴瑞存世的书稿整理成册,出版了《吴蕴瑞文集》。

2007年1月,上海体育学院吴蕴瑞体育教育思想研究会成立,并召开首届吴蕴瑞体育教育思想暨现代体育教育改革研讨会。

2018年5月,为纪念为我国哲学社会科学的发展作出巨大贡献的学者,上海市社会科学界联合会评选并公布了首批68位"上海社科大师"名单,吴蕴瑞先生位列其中。

2021年10月,为纪念吴蕴瑞先生诞辰130周年,迎接上海体育学院建校70周年,上海市高水平地方高校建设项目——吴蕴瑞电影文学剧本《起跑者》立项,旨在将吴蕴瑞一生对体育事业的付出与奋斗的历程,以丰富生动的故事诠释成一部展现中国近代体育教育的史诗。

2022年11月,上海体育学院成立70周年校庆之际,学校召开全国体育学学科发展论坛,以线上线下相结合的方式,以精彩丰富的活动形式,汇聚海内外知名校友,欢聚华诞,纪念吴蕴瑞先生诞辰130周年。

2023年5月,上海体育学院更名为上海体育大学,历任校长(见表6-1)为学校发展把脉,为学校高质量发展呕心沥血,带领全校攻坚克难,加强学科建设,扩大招生规模,提高办学层次,拓展校区布局,不断开创上海这所体育大学发展的新局面。

表6-1 上海体育学院历任校长

院　　长	任职时间
吴蕴瑞	1952.11—1966.06
章钜林	1978.08—1984.04
陈安槐	1984.04—1992.01
俞继英(主持工作)	1992.02—1994.06
俞继英	1994.07—2002.09
姚颂平(主持工作)	2002.10—2003.12
姚颂平	2003.12—2009.08
章建成	2009.08—2013.10
陈佩杰	2013.10—2023.01
毛丽娟	2023.01至今

注:本表摘自上海体育大学官网。

自2001年起,上海体育大学由国家体育总局和上海市人民政府共建共管。2011年,上海体育大学在国内首次推出世界顶级体育学术期刊平台——*Journal of Sport and Health Science*,并于2012年出版了创刊号,成为运动健康领域的世界级顶级刊物,是国内乃至世界运动和健康促进前沿科学的风向标。期刊聚焦运动医学、运动损伤预防与临床康复、公共健康促进、运动生理学、运动心理学、中国传统体育与健康等世界运动和健康促进的前沿科学。期刊荣获"第五届中国出版政府奖期刊奖提名奖"和"中国百强报刊"等荣誉,入选七部委"中国科技期刊卓越行动计划重点期刊"建设项目,连续7年在"中国最具国际影响力学术期刊(人文社会科学)"中排名第一。2020年1月下旬,新冠肺炎疫情席卷全球,*Journal of Sport and Health Science* 迅速设立"抗疫专题",由陈佩杰联合美国和丹麦学者撰写"Coronavirus Disease (COVID-19): The Need to Maintain Regular Physical Activity While Taking Precautions"一文,于2020年2月4日发表,成为国际体育界最早针对新冠肺炎疫情研究的科研学术文章之一。该文章被WHO(World Health Organization,世界卫生组织)等8家国际组织列入"政策制定"的依据性文献,彰显了中国学者在运动抗疫研究领域处于国际领先地位。2022年,*Journal of Sport and Health Science* 影响因子达到13.077,在SSCI和SCI学科库中分别位居世界第一和世界第二。

上海体育大学作为新中国最早创建的体育高等学府,是首批获得博士、硕士学位授予权的体育高等院校,也是入选首批国家"双一流"建设高校和上海市高水平地方高校建设序列的高等院校。

体育强国、健康中国和国家"双一流"建设的重大战略目标,以及对高层次人才的迫切需求,都离不开高质量的体育教育事业,急需建立世界一流水平的人才培养体系。为此,在历任校长的努力下,学校通过学科交叉融合创新,建立中国特色"运动促进健康"学科专业群。在实现知识谱系更新"从0到1"跨越的基础上,通过课程教学培养创新、高水平师资队伍建设、重大平台和重要项目科教融合等,建立了基于体育特色的高层次运动健康人才培养模式,主要表现在有效提升了运动健康人才的基础理论素养、前沿精深领域创新素养和社会实践应用素养。

上海体育大学目前拥有运动健身科技省部共建教育部重点实验室、运动认知评定与调控国家体育总局重点实验室、人类运动能力开发与保障上海市重点实验室等重大平台,实现通过重大平台和项目为纽带,组建形成不同具体领域的师生团队,以学生为主体,以导师为重要推动力,以创新成果产出为评价基准,驱动学生突破传统体育学的学科边界,向生命科学、数理科学等领域深度探索。学校还建有高水平科研平台。经国务院批准同意,由国家体育总局和上海市政府共建的国家兴奋剂检测上海实验室成立。世界兴奋剂检查机构(ITA)在学校设立中国首个也是唯一的ITA学术中心。此外,学校还设立省部级哲学社会科学(含体育产业)基地7个,上海市协同创新中心、前沿科学研究基地各1个。

自2016年始,上海体育大学师生团队依托学校重大实验平台和研究中心等资源,先后主持4项国家(教育部)社会科学重大项目资助,实现体育类高校国家自然科学基金重点项目"零的突破",主持3项"科技冬奥""主动健康"科技部重点研发专项。研究生发表的高被引论文助力学校成为唯一一所进入临床医学ESI前1‰的体育类院校,研究生参与的科创成果助力10余支国家队在北京冬奥会上取得4金2银的历史性突破。

学校积极推动体教融合人才培养创新。率先建设了全球唯一所乒乓球专业培养机构——中国乒乓球学院,并被国际乒联认定为最高学院级附属训练基地。与国际手联合作建成国际手球学院,与国际田联合作建成国际田联特训认证中心,以及中长跑项目国家高水平体育后备人才基地。与中国篮协、中国田协、中国羽协、中国体操协会和中国铁人三项协会分别共建中国篮球学院、马拉松学院、羽毛球学院、体操学院和铁人三项学院。学校和上海绿地申花足球俱乐部共建绿地申花上体女子足球队。同时,上海体育大学还是三人制篮球国家队、钢架雪车国家队驻训基地。

学校大力建设体育文化传承新高地。国际奥委会批准设立上海体育大学奥林匹克学院。率先引入国际体育组织立项,建成国际乒联博物馆和中国乒乓球博物馆。建成全球第一座全方位展示武术历史与文化的博物馆——中国武术博物馆。上体(武术)入选全国普通高校中华优秀传统文化传承基地,设立中国传统体育非遗研究院。2022年北京冬奥会期间,上海体育大学是唯一荣获"中国冰雪科技联合攻关单位"的体育类高校。

从1952年建校至今,学校现有杨浦、徐汇2个校区,及江湾、黄浦、松江教学点,占地面积超1 100亩(合约0.73平方千米),校舍建筑面积约37万平方米。全日制在校生数约7 000人。上海体育大学培养了众多体育专业运动员、体育教育及学术研究人才,许多优秀校友成为各自领域中的中坚力量,誉满海内外。上海体育大学培养出一批知名教练员,如施之皓、孙海平、陈忠和、王跃舫、孙荔安、沈富麟、马良行等;培养出众多奥运冠军,如丁宁、邹市明、钟天使、吴敏霞等。

一代又一代的上体人,犹如执炬者,赓续并弘扬着吴蕴瑞先生开创的体育思想,秉承"身心一统,兼蓄竞攀"之校训,在"团结竞攀,励德践行"精神的指引下,承载"发展体育运动、增强人民体质、弘扬体育文化"的使命,践行"身心一统、德技相长、文理兼修、服务社会"的办学理念,适应我国体育事业发展的需要,培养实践与理论并重的体育人才,为建设世界一流现代体育大学作出更多贡献!

三、遥望未来

1908年,中国正处于积贫积弱、饱经忧患的动荡年代。同年,在英国伦敦却举办了规模盛大的第4届奥运会。此时,来华担任天津青年会干事的美国人饶柏森(C. H. Ro-bertson),"在天津作了《中国参加奥运会的前景》演讲,并加幻灯片辅助"。①南开大学的学生们在操场上通过幻灯片见证了奥林匹克运动会的盛况。随后,渴望国富民强的中国知识分子和青年学生,在天津出版的基督教青年会的杂志《天津青年》上提出发人深省的"奥运三问":"中国什么时候能够派运动员去参加奥运会?我们的运动员什么时候能够得到一枚奥运金牌?中国什么时候能够举办奥运会?"②一字一句无不体现一个世纪前国人对于无奈现状的悲愤,也唤醒了青年们对体育的热情,"奥运三问"如一石激起千层浪,逐渐传播开来,引起更多国人的兴趣和关注,激发出国人"体育强国"的决心。

---

① 韩丹:《谈"奥运三问"的历史真相》,《体育与科学》2015年第6期。
② 同上。

1917年,毛泽东在《新青年》上以"二十八画生"为笔名发表《体育之研究》,指出:"体育之效,至于强筋骨,因而增知识,因而调感情,因而强意志。"[①]其表达的意思是,体育不仅是国家强盛的应有之义,也是人民健康幸福生活的组成部分。可见,毛泽东较早地确立了体育强国的意识。国人逐渐以奥林匹克运动为寄托,流露了对国富民强的真切期盼,期盼着体育强则中国强,国运兴则体育兴。

从一百年前令人振聋发聩的"奥运三问",到如今北京成为全球首座"双奥"之城,体育承载着国家富强、民族复兴的梦想。2022年北京冬奥会和冬残奥会的成功举办,向全世界展示了蓬勃发展中的中国体育事业迈上了新台阶。

回望百年岁月,在时代变革的碰撞中,体育的身影从未缺位。1932年,刘长春的单刀赴会,解答了"奥运三问"的第一问。从举重运动员陈镜开的一个世界纪录,乒乓球运动员容国团的第一个世界冠军,到速滑运动员罗致焕第一次登上冬季项目世界最高领奖台……再到1984年洛杉矶奥运会,许海峰射落中国首枚奥运金牌,那届盛会中还有郎平领衔的中国女排、体操王子李宁独揽三金,这是回答"奥运三问"的第二问。2008年,北京奥运会惊艳世界,中国以更加开放与包容的姿态向世界张开怀抱;2022年北京冬奥会成功举办,主张"绿色、共享、开放、廉洁"的办奥理念,赛场内外随处可见的高科技应用,向世人交出了完美的"双奥"答卷,直面百年前的"奥运三问"的第三问。

---

① 毛泽东:《体育之研究》,《新青年》1917年第3卷第2号,转引自《新体育》1979年第8期。

值得自豪的是,在2022年的北京冬奥会期间,上海体育大学作为唯一入选"中国冰雪科技联合公关单位"的体育类高校,开展国家重点研发计划"科技冬奥"重点专项"冬季项目运动员技能优化关键技术研究"项目攻坚,助力国家队在自由式滑雪空中技巧U型场地技巧、花样滑冰等项目上取得历史性突破,斩获四金一银。同时,上海体育大学作为中国钢架雪车队夏季集训的常驻基地,为钢架雪车队提供多方面的科技攻关服务,助力北京冬奥会中中国运动员闫文港在此项目中摘得铜牌,这是中国运动员首次在钢架雪车项目中登上冬奥会的领奖台。

新时代,上海体育大学遵从"身心一统、德技相长、文理兼修、服务社会"之思想,扎根中国大地,树高等体育教育之新风,立建设中国特色世界一流体育大学之鸿志。如今,上海体育大学已入选国家"双一流"和上海市高水平地方高校建设序列,构建现代大学治理体系和学科发展体系,体育学学科连续5年位居国内第一。

薪火相传,体育精神永续不辍。体育,赋予世界"一起向未来"的勇气和力量,希望火种生生不息,奥运精神恒久流传。百年圆梦,体育同行,奥运梦想和体育精神将继续激励华夏儿女,为实现民族复兴的中国梦而拼搏奋斗。

附录1
麟若小传

吴先生蕴瑞,字麟若,江苏江阴人。1918年南京高等师范学校体育专修科毕业。曾任暨南大学体育教员半年。1919年春,由母校选送上海全国青年协会体育专门学校就读,肄业。同年夏回母校,任体育科人体机动学及器械运动教师。1921年南京高师改称东南大学,以课暇补读大学学分,经3年补满毕业。1924年夏考取江苏省官费留学生,留学美国芝加哥大学医科和哥伦比亚大学师范学院体育系,得硕士学位。1927年归国,连任中央大学、东北大学、北平师范大学等体育教授。1932年,任第一次全国体育会议体育专家委员和国民体育实施方案起草委员。同年,复被聘为教育部体育委员会委员。1933年,任全国运动会等筹备委员。著有《运动学》《体育建筑及设备》《田径运动》和《体育原理》等书。最近有体育改进社之组织,发行《体育季刊》,先生被推为该刊主编,以后将不断努力,希有较大之贡献云。

(原刊《体育原理》)

附录 2
后人追忆

这是我先生吴承建写的一篇文章。吴承建是吴老先生的幼子。他写这篇文章是记述他青少年时期印象深刻的老父亲与徐悲鸿先生之间的深厚友谊和趣事。他一直希望并最终托付我在合适的时候帮他发表,以资纪念!

——北京科技大学　孙静远

回忆父亲与徐悲鸿先生交往中的几件难忘的事情

北京科技大学　吴承建

2013 年 1 月 9 日

父亲吴蕴瑞,字麐(麟)若,体育教育家,同时擅长字画。他与徐悲鸿先生相识于 20 世纪 30 年代的南京中央大学师范学院。当时,父亲为体育系主任,徐悲鸿先生任艺术系主任。因为父亲热爱艺术,与徐悲鸿先生交往甚密,欣赏徐先生的绘画艺术,更钦佩徐先生的人品。有一回,父亲告诉我,徐先生曾为了

图附录 2-1
吴蕴瑞的幼子吴承建

筹款在南京举办绘画展览会。那次,父亲除认购徐先生的展画外,在展览会结束时,又将尚未出售的绘画作品全数认购下来,作为传世之宝。

我出生的第二年,即 1935 年,农历新年时,父亲和许多徐先生的朋友到徐家拜年。当年正值乙亥年,即猪年,徐先生兴致很高,在画桌上展开画具当场即兴画了一幅《墨猪》。画完之后,徐悲鸿先生欣赏了一下说:"不好、不好!"说着就随手将所绘的《墨猪》团起来扔到字纸篓里了。但当客人陆续散去后,只剩父亲一人还在场时,徐先生竟又把这幅《墨猪》从字纸篓中取出,并展开在画桌上,一面欣赏,一面得意地说:"不错不错!"父亲对我说,他当时完全领会到徐先生的愉快心情!这样做只是因为他自己想把这幅得意之作保留下来。以后,每当我看到这幅《墨猪》时,不由得又回忆起父亲给我讲述的这个有趣的故事。

父亲经常拜访悲鸿先生,请教和讨论绘画艺术,两人在画桌上用画笔作画来表达各自的意思。我至今还留有两人合作的一幅画作。悲鸿先生在画上题字:"廿六年长夏麟若在敝斋写竹为补寒梅数枝以是成之 悲鸿(盖印)。"

1937 年,抗战开始后,中央大学搬迁至重庆,父亲和徐悲鸿先生的交往更加密切起来。父亲常常到磐溪徐悲鸿先生家做客,一起讨论绘画艺术。徐先生很欣赏我母亲的厨艺,也常来我家做客。有时还约请艺术系的黄君璧先生或张书旂先生同来。

每每饭后,徐先生常常即席在父亲的画桌上合作画画,那些画都十分有趣。他们之间也互有赠画。徐先生指名送给父亲一幅精品枇杷图。画上有悲鸿先生题字:"麟若先生法家雅正　丙子春日　悲鸿(盖印)。"父亲告诉我,他与徐先生两人相约各从对方画作中挑选一幅画互相交换。徐先生挑选了父亲的一幅腊梅小鸟立轴;父亲挑了徐先生的一幅立轴《九方皋相马》。画中可见九方皋、随从以及手牵一匹骏马的马夫。1938年年初,徐悲鸿先生画了一幅大作《负伤之狮》(见图附录2-2)赠送给父亲。该画幅的右上方题字为:"廿七年岁始　国难孔亟时与麐若先生同客重庆　相顾不怿　写此聊抒忧怀　悲鸿(签字及印章)。"(见图附录2-4)父亲爱之如珍宝,为了随身携带方便,国难之时,父亲舍不得将该画装裱。我一直希望父亲尽快将它裱好,但直到抗

图附录2-2　徐悲鸿绘《负伤之狮》

战胜利,1946年回到南京后,家里一切安顿下来,才在南京渊海阁将此画装裱好。渊海阁的老板是父亲的熟人,才放心交其精裱。

我大哥吴承砚和大嫂单淑子就读于重庆中央大学艺术系,是悲鸿先生的学生。大哥本来就读于体育系,因与大嫂相识、相爱,本人又喜欢艺术,希望转到艺术系去学习。父亲同意后,大哥征得艺术系主任的同意,终于转到了艺术系就读。至此,大哥与大嫂同时成为悲鸿先生的学生。1945年7月,大哥和大嫂举行婚礼,父亲请悲鸿先生为主婚人,悲鸿先生欣然同意。婚礼是在重庆小龙坎杨家花园举行的。悲鸿先生与廖静文女士均前来参加。有结婚照片、结婚证和客人签名为证。

1949年南京解放以后,父亲受徐悲鸿先生委托,代为管理他在南京傅厚岗六号的住宅,接着我们全家住进了徐宅中,直到1952年。因全国大学院系调整,父亲奉调去上海华东体育学院主持工作,全家才离开傅厚岗迁往上海。

1953年,当父亲得知徐悲鸿先生在北京去世的噩耗后万分悲痛,叹息一代绘画宗师、挚友过早故去。他吩咐将家中徐悲鸿先生的画作进行清点、好好保存。1955年,我母亲陈淑贞因病去世。后父亲与上海著名画家吴青霞女士结为伉俪。徐悲鸿夫人廖静文女士因主持筹备徐悲鸿纪念馆,向国内悲鸿先生的故旧征集徐悲鸿先生生前画作。廖女士和父亲联系后,父亲欣然同意,将老友相赠之大作《负伤之狮》捐赠给纪念馆展出用。临送之前,父亲请继母吴青霞临摹了一幅《负伤之狮》(见图附录2-3)留作纪念,并把亲自题写的后记与临摹画作裱在一起(见图附录2-5)。此后,徐悲鸿先生相赠的《负伤之狮》一直在北京徐悲鸿纪念馆中展出。

图附录 2-3 吴青霞临摹《负伤之狮》

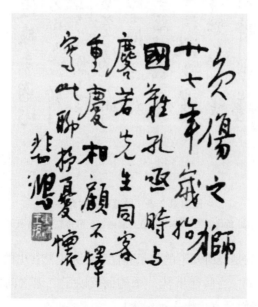

图附录 2-4 徐悲鸿先生题字

图附录 2-5　吴蕴瑞先生题字

注：两幅《负伤之狮》分别保存在徐悲鸿纪念馆和常州吴青霞纪念馆。

以上就是我所知道的父亲和徐悲鸿先生交往中的几件难以忘怀的往事。这些往事从一个侧面反映了二老之间的深厚友谊，值得我们吴家后生永远纪念！

附录3
桃李芬芳

体育界一代师表吴蕴瑞师业迹纪略(初稿)

刘汉明　1982年9月1日

(注：该文后整理发表于《上海体育学院学报》1982年第4期)

吴蕴瑞师，殚毕生之心力，培养高级体育师资，终其生，化雨春风，桃李遍九州四海；涉远洋，求经问道，著书满数百万言。弦歌声里，猛洗"东亚病夫"之耻；讲武场中，力排"重文轻武"之风。起积弱以为强，致全民于康健，厥功甚伟。今吴师逝世，瞬经六载，然功在人间，绎留后世，人岂能忘?! 用敢纪其功业，以光体史，并述其一生之业迹，垂作后世楷模。

吴师蕴瑞，字麟若，籍江苏江阴，生于1892年2月20日，自幼以聪敏好学，质朴忠贞闻乡里。六岁入私塾，十六岁从家乡峭岐乡立小学毕业，继就读于苏州师范，前后共七年，毕业时年已廿三。十七载黄卷青灯，寒窗苦读，学业根基颇厚。

1916年1月考入南京高等师范学校第一届二年制体育科，因其勤奋好学，在校时已崭露头角。毕业后旋由学校派往上海青年会体育训练班进修半年,继即任南京高师、东南大学体育科、系助教,同时刻苦补读大学学分,1924年在东南大学第四届体育系毕业,得体育学士学位。1925年2月考取江苏省公费赴美留学资格,初入芝加哥大学医学院学解剖学、生理学;复在哥伦比亚大学师范体育系研究院攻读,1927年1月毕业,得硕士学位。2月赴德国、法国、英国作实地考察,并在德国学习德文。精勤奋励,深获他山之助,亦得风气之先。

1927年10月学成归国,任南京国立中央大学体育系讲师,兼任主任。1930年8月受张学良将军之礼聘,去东北大学体育科任教授。翌年秋,因"九一八"事变转北平(今北京),应北平师范大学体育系之邀聘为教授。

1933年8月,回国立中央大学体育系任教授兼主任。直至抗日战争军兴,中大内迁重庆后,吴师为集中精力,悉心钻研体育学术理论,寻求强民救国之道,从事著述,系主任一职让由吴㵯先生等担任,但重要系务,仍亲自授意彼等办理。1932年,吴师任第一次全国体育会议体育专家委员及《国民体育实施方案》起草委员,同年,被聘为教育部体育委员会委员,并任第五、六、七届全国运动会筹备会委员。

日军投降后,中大迁回南京。解放前夕,国民党当局计迁中大去台湾,当时,校内进步人士组织护校委员会,吴师积极参加,不畏强暴,终于抗拒搬迁,防止破坏,保持了当时号称最高学府之元气,其功非浅。斯时,国民党已土崩瓦解,动乱之余,人心不定,中大体育系仍由吴师出任主任,用孚众望。

解放后,中央大学改名南京大学,体育系主任仍由吴师继任,群情悦服。

1952年9月,我国第一所体育学院——华东体育学院成立(后改为上海体育学院),吴师任院长。直至1976年4月10日晚8时40分吴师于杭州浙江医院病逝。计长院24年,终年84岁。

我于1933年复就读中大体育系时,始识吴师。浪迹萍踪追随四十余年。余喜得深沐化雨之恩,亦颇受兰蕙之泽。熏陶日久,因得蠡窥吴师之为人。其道德文章,实足纪之以垂模后世。

忆余就读中大体育系时,所在教本如《体育原理》《体育教学法》《运动学》《田径运动》《场地建筑设备》等,均系吴师著作,而由商务书馆及勤奋书局出版者,允称体育之经典著作。于此概可见其学力之深且博也。

吴师一生,可谓才兼文武,学贯中西,殚毕生之精力,尽悴于体育事业。数十年来,大江南北,黄河上下,所有体育界人,凡稍有成就者,泰半出于吴师之门墙。当前我国体育形势大好,寻根问源,吴师实亦奠其始基。

吴师为人诚朴,精勤奋励,治学严谨,其所以能学术冠一时,事岂偶然。余尝聆吴师言,其著《运动学》一书也,曾专向理学院物理系听课四年,复结合人体解剖学的知识,在运动场上,细心观察各种运动动作,深入思维。每有所得,即援笔记之。经常年积累,反复验证,始写成此书。其为学务实与严谨可知。吴师其他著述之写作过程,类多如此。此种治学之精神,实足为后学者之楷模。

吴师生平疾恶如仇,无不良嗜好,烟酒不染,茶楼酒肆,绝少驻足。长年孜孜不倦,惟学术是求。居恒窗明几净,埋头书案,乐之不倦,案头仅清茶一杯而已。守身若斯,好学如此,宜其成就出众，贡献过人。

吴师间以余暇，以书画自娱。书长行草，精研历代名人法帖，画则初着意于梅竹，以其清香有节，似其风格。后又及牛犊、翎毛、花卉。吴师之书画，以工力胜人，不以妍艳见长。颇为海内书画名家所推重。记抗战时期，吴师住重庆沙坪坝杨家花园，"绿树村边合，青山郭外斜"，风光极胜。其师母贤淑知礼，雍容有大家风，且极长烹调之术，名播遐迩。当时艺苑名流，如徐悲鸿、吕凤子、陈子佛、吕斯伯、傅抱石、黄君璧等，常相过从，亦深慕师母鼎鼐之术。是以凡吴师有邀，名流必至。深幽庭院，花木扶疏，飞雨觞，评书论画，笑语风生，其风雅如斯。

曾记其画花鸟之初，向吴澂师借得高级望远镜一架，于晨光熹微中，至园林深处，细观群鸟飞鸣跳跃之状，作临摹范本。又常于暇日去农村细察牛犊之神态状貌，作为粉本。吴师于书画之严谨态度，一如其治学与著述精神。当时画苑名流，亦深佩其毅力，倍相钦敬。

忆1941年岁首，吴师在重庆度五十诞辰时，南京高师、东南大学、中央大学体育系科全体同学联名为吴师寿，记当时寿文中有："恭维吴公，三十年教育英才，桃李遍九州四海；八千里奔波事业，著书满数百万言。走云烟于笔底，罗锦绣于胸中。海鹤想其精神，体坛推为祭酒。间以余暇，书画怡情。固不独为体育之泰斗，实亦艺苑之英豪。……"此实非阿谀之词，乃纪实之文也。

吴师又擅古琴及三弦，曾从师学技，锲而不舍，常于寒夜拥衾操练，每至深宵。精诚所至，造诣颇高。更善口哼古琴曲调，每逢庆祝集会，或迎新送旧会上，群请演奏，吴师亦常欣然应允，与众同乐。吴师演时，必先正襟危坐，凝神静虑，然后两手作抚琴状,演挑、拢、抹、捻之技,口则哼高山流水之音,抑扬顿挫,声韵铿锵,听者动容。诚有"一声已动物偕静,四座无言星欲稀"之概,一时堪称绝技。

吴师平居爱栽盆兰,以养性灵。每有高品,曾不惜重资罗致。疏落棋布于书斋庭院,登其门,真如入芝兰之室,尘俗为消。吴师又长考古之学,一生酷爱古玩及艺术珍品。历代古董、书画,收藏甚富。常于晴窗闲暇时,出所藏玩赏,兴味无穷,乐之不倦。

吴师一生从事体育事业,振强起弱,易俗移风。弦歌声里,重振尚武之风;绛帐春深,催开桃李之花。其自奉也,洁身自爱,讲求气节。暇则以书画古乐自娱,栽盆兰以养性,鉴古玩以怡情,高风亮节,海内同钦。故余曰,吴师乃体育界一代师表,其谁曰不宜!

在旧社会中,封建积习已深,重文轻武成风。总以为体育工作者,不学无文,粗俗狂野,致为社会所轻。此种风气,对发展我国体育运动,极为不利。吴师一生之道德学问,实予以无声之抗议。至其深湛之学术成就,与高尚之格调风标,实堪力矫社会上轻视体育之成见。致使发聋振聩,我武维扬。此又实为吴师潜移默化之果,无形无影之功也,应予大书特书,以彰其绩。

吴师思想进步,学习积极,热爱共产党,热爱社会主义,热爱体育事业。解放后曾任:华东军政委员会委员,中华人民共和国体育运动委员会委员,中华全国体育总会副主席,上海市体育运动委员会委员,上海第一届至第五届人民代表大会代表,中国国民党革命委员会上海市委员会委员,全国体操协会主席等职。

吴师在上海体院长院24年,励精图治,颇著辛劳。因其学术渊博,风格高尚,深孚众望。居恒谦虚谨慎,一切工作依靠党的领导。记我院十周年校庆时,吴师作五律诗云:"三面红旗下,师生意气扬。弦歌经十载,桃李已千行。"

"学术随年进,科研逐日昌。才疏忝长校,赖有党扶匡。"对我院成立三十年来取得成就的欢欣心情,以及一切依靠党领导的坚决意愿,溢于言表。

解放后,吴师不幸中年丧偶,经画苑名流媒介与名画家吴青霞女士结合。齐眉举案,相敬如宾。内助有人,办学益奋。公馀休假,同游名山胜水。峰壑云烟,尽成粉本。朝夕斯磨切磋,书画益精。山水移情,书诗养性。名士风流,写尽人间佳话。记1962年吴师七十寿,余谱"浣溪沙"词一首以贺。词曰:

心向红专有远谋,图强自觉学从头。不输年少自风流。

书画潜增仁者寿,弦歌猛洗病夫羞。春深桃李满神州。

吴师一生,惟以真诚待人,不以辞令见长。其高风正气,望之平易近人,即之如坐春风。深受师生爱戴。

体坛艺苑一奇才
——记著名体育教育家吴蕴瑞教授

戴炳炎

(此文原载于社会科学文献出版社出版,由江阴市暨阳明贤研究院编撰的《暨阳之星:江阴明贤传》)

步入上海体育学院,首先映入眼帘的是一尊大理石底座的汉白玉半身雕像,慈眉善目,笑迎来自全国各地的莘莘学子,又目送他们走向四面八方。底座正面镌刻着著名书法家胡文遂先生题写的五个大字:吴蕴瑞先生。

吴蕴瑞，字麟若，上海体育学院首任院长，我国现代体育理论科学的奠基者之一，著名的体育教育家，体坛推为祭酒，艺苑堪称方家。他在我国体育史上，拥有诸多第一：第一个体育专业官费留学生；第一部《运动生物力学》专著的作者；第一所体育学院的第一任院长；第一批国家级体操裁判等。他的事迹《辞海》有专门辞条介绍。

缘 定 三 生

1892 年 2 月 20 日，一个小生命在江苏江阴峭岐乡笆斗桥吴氏家呱呱坠地，他的到来给贫寒的家带来了些许温馨，身为塾师的父亲给孩子起了个饱含着希冀和祝福的名字：蕴瑞。

蕴瑞六岁，随父受启蒙教育，后入学堂就读。十六岁就读于苏州师范学校，学校体育活动蔚为风气，吴蕴瑞耳濡目染，也爱上了体育运动，这使单薄瘦小的身躯结实、灵活了许多。至 1915 年年底，以品学兼优的成绩毕业。

随着近代体育的迅速发展，各级学校普设体操课。1916 年年初，南京高等师范学校为培养体育师资，特设二年制体育专修科。吴蕴瑞毅然报考入学，立志献身体育教育事业。两年后以优异成绩毕业，到暨南大学任教，由此踏上了体育教育的漫漫旅程。1919 年春，南京高等师范学校送吴蕴瑞到上海青年会体育训练班进修，结业后回母校讲授人体机动学及体操。"教然后知不足"，他边教边学，主动到其他系科旁听与体育相关的课程，不断充实自己。1921 年，南京高等师范学校改名东南大学，吴蕴瑞利用业余时间到新成立的体育系补读了本科课程。1922 年 7 月，中央体育研究会在南京成立，吴蕴瑞和马约翰当选为干事。

1924年，取得体育学士学位。

1924年，江苏省教育厅破天荒地为体育专业设置了一个留美学生名额。这是中国教育史上第一个官费留学体育的学生，报考者众多。吴蕴瑞脱颖而出，独占鳌头。

是年夏，吴蕴瑞远渡重洋，进入美国芝加哥大学医学院，主修人体解剖学、生理学。后又到哥伦比亚大学师范学院攻读体育。该校体育系主任威廉士教授是美国体育理论界的权威，他主持的体育原理研究班，学员都是经过严格挑选的高才生。吴蕴瑞也有幸入选，威廉士破例地让吴蕴瑞作助手，同学们都非常羡慕。吴蕴瑞十分珍惜这次机会。会内会外，他像海绵汲水似的吸收各方面的研究成果，开启了思路，拓宽了视野。是年春，他出色地完成了研究课题，被哥伦比亚大学研究院授予教育学硕士学位。

吴蕴瑞在研究中发现，美国体育乃源于欧洲，其学理亦渊源于欧洲文艺复兴运动。他决心追本溯源，赴欧洲考察。美国的研究甫毕，他直接奔赴欧罗巴，先后到英、法、德等国，探赜索隐，广泛接触专家学者，收集资料，这使其对运动力学的研究进入了一个新境界。他在考察德国陆军体育专门学校时，特地请专攻物理学的严济慈做翻译，共同探讨运动力学问题。他的见解深得外国同行的赞许，严济慈也深为他的精神所感动。

体 坛 柱 石

1927年10月的一天，正在德国考察的吴蕴瑞接到东北大学校长张学良将军发来的邀请，要他担任东北大学体育系教授兼系主任，共振东北大学的体育学科。他欣然应聘，提前结束欧洲之行回国。东北大学位于沈阳郊外的昭陵前,有体育馆、500米跑道的运动场,设备较齐全。张学良奉吴蕴瑞为上宾,待遇优厚。吴蕴瑞将学得的理论用于教学,加强了体育的科学教育。主讲人体机动学、场地建筑与设备及体操,深得体育系师生的好评。

"九一八"事变后,日本帝国主义侵占东北,吴蕴瑞离开沈阳来到北平,应聘为北平师范大学体育系教授。1932年,国民政府召开第一次全国体育工作会议,聘请吴蕴瑞为筹备委员会委员,参与起草编制体育法规。1933年8月,回南京担任中央大学体育系教授。1937年,抗日战争爆发,随中央大学内迁重庆沙坪坝,直至1946年抗战胜利迁回南京。吴蕴瑞再任体育系主任。在此前后,吴蕴瑞陆续担任了教育部体育指导委员会委员、常务委员,国民体育设计委员会委员,中华全国体育协进会常务理事,中华全会体育学会理事,以及第五至第七届全国运动会筹委会委员,江苏省第一、二届中等学校联合运动会评判部主任、总裁判等职。

解放前夕,国民党欲迁中大去台湾,校内人心浮动,举止彷徨。吴蕴瑞不怕国民党当局的威胁利诱,拒去台湾,并积极参加校内进步人士张江树等组织的护校委员会,不畏强暴,反对搬迁,防止破坏,使中大免遭劫难,完好地回到人民手中。1949年解放后,吴蕴瑞兼任华东军政委员会委员,参与中华全国体育总会的筹备工作,担任筹委会副主任;1952年出任中华体育总会副主席兼上海分会主席,中国体操协会主席,上海市体委副主任,国家体委委员,还被聘请为第一、二届全国运动会筹备委员会委员等。

治学严谨

吴蕴瑞教授治学严谨,长于技巧运动和体育原理。他十分重视教学工作,即使担任院领导工作以后,依然站在教学第一线,一些当年的学生,如今已年逾花甲、头发花白的教授们回忆起来,总是异口同声地称赞:"吴先生上课,理论联系实际,形象生动,深入浅出,易懂易学。"

吴蕴瑞在中央大学主讲运动解剖学,那时教学条件简陋,没有什么教学实验设备,也没有标本、模型,他就想法用动物器官代替,以增加感性认识。例如,讲心脏时,课前设法到四牌楼菜市场买来猪心,解剖后带上课堂,边讲边让学生看;讲肌肉时,买来青蛙,剥皮后让学生观看。他还经常带学生到丁家桥的南京医院看人体标本。吴蕴瑞讲课时常在黑板上画简单的线条图,特别是讲关节的时候,如关节运动幅度与肌肉发力的关系,机械力对骨组织的影响。结合图片讲解,抽象的理论一下"活"了起来,使学生弄懂了运动是以骨为杠杆、关节为枢纽、肌肉收缩为动力的道理。现上海体育学院教学督导、长期从事田径教学和研究的黄良友教授说,吴先生在讲解下肢运动时,用奔马跑动时的趴地动作启发我们思考,训练时反复体验髋关节、膝关节、踝关节以及足部各关节的活动,短跑时想象奔马的形态,理解短跑的特点,理论上懂了,短跑成绩也提高了。"同学都爱听他的课。"陶心铭教授回忆说,一次上体操课,练习单杠屈伸,很多人都上不去。在一旁看课的吴老师(当时为中央大学体育系主任)对我们说:"你们的动作不符合力学原理,体操光靠力气不行,你们不按力学原理练,老是上不去。"接着在单杠前讲了力点、支点的道理,同时做示范,动作轻松而漂亮,同学们惊叹不已:"这么大年纪(时年六十)还做得这么好!"学生们按吴老师说的做,很快地掌握了。

类似的小故事,吴蕴瑞教授的学生都可以如数家珍地告诉你。他主讲运动学,总是将原理与技术动作结合起来,指导训练不只是怎么练,而且告诉你为什么要这么练。他的学生说,按吴老师的方法练,事半功倍。他使大家明白体育训练必须要有理论的指导,激发了学生学习理论的兴趣。

吴蕴瑞早在20世纪20年代末就提出体育学术化的主张,强调体育的科学教育和学术研究。他认为,人口众多的中国在远东运动会上成绩落后的主要原因是"缺乏科学之基础","欲求进步,舍讲求科学方法岂有他道哉?",呼吁科学家与体育家携手,以解决体育上一切疑难问题。他身体力行,1922年即开始研究运动学,一面到运动场上观看学生运动,一面到东南大学理学院听课,理论联系实际,1930年出版了《运动学》。

运动学是当时世界上的新兴学科。"以解剖与力学,解剖各运动之科学也。解剖所以论人体各部之构造与力之来源,力学所以论用力之方向、时间、速度等,使人体之各种运动合于力学之公式及定理,以生充分之效力。"1990年出版的《中华体育之最》称:"《运动学》不仅在当时体育落后的中国视为首创,亦远远超过同期国外其他运动学著作。"

吴蕴瑞特别强调体育的教育作用,把培养学生的品格放在重要位置,针砭学校体育中的"锦标主义",以及由此而生的运动会"选手制"。1934年8月,他提出"全国各级学校应有一律之运动选手规程"的主张,并受命主持制订了《全国各级学校选派运动代表规程》,由教育部颁发施行。

吴蕴瑞在任教的同时，还积极从事体育理论研究，担任《体育杂志》《体育季刊》等学术期刊的编委、主编，他认为，随着经济的发展，国民对体育的需要愈来愈迫切，他深刻地论述了体育的教育意义和社会功能，发展身体和运动能力，培养道德品质、社交、娱乐，促进学校体育发展。他说："应当重视体育，经济条件越好，越重要。"在20年代就提出这样的见解，是非常难能可贵的。

在1929年至1935年间，吴蕴瑞还出版了《体育教学法》、《体育原理》（与袁敦礼合作）、《田径运动》、《体育建筑与设备》等著作。

首 创 体 院

1952年秋，我国恢复国民经济的任务基本完成，第一个五年计划即将开始，文化建设也提到了日程上。华东军政委员会教育部决定筹建华东体育学院。上海市市长陈毅邀请南京大学体育系系主任吴蕴瑞教授主持筹建工作。

华东体育学院是在南京大学体育系、华东师大体育系和南京金陵女子文理学院体育科的基础上组建的。吴蕴瑞担任筹建组长是众望所归。为了选择校址，他查看了好多地方，开始时设在梵皇渡路原圣约翰大学内，1953年10月在华山路增设二部。

1952年11月，政务院任命吴蕴瑞为华东体育学院院长。作为新中国第一所体育学院，白手起家，没有现成的经验可资借鉴，吴蕴瑞从抓教学计划、教学大纲的制定、教材的编写开始，到引进高水平的师资，重视学科建设，提高办学水平，呕心沥血，做了大量的开创性工作,为学校的持续发展奠定了基础。

吴蕴瑞以其高尚的品格、渊博的学识和求贤若渴的精神,在体育教育界树起了一面旗帜。一些留洋的博士、硕士、体育界知名的教授以及"拳王""杠王"等都乐意应召前来任教。据当时的档案记载,25名教师中,有7名教授,8名副教授,2名博士,2名硕士,6名欧美留学生,可见阵容之盛了。

与此同时,他重视选派青年教师到外校进修。运动生理学教授陶心铭深情地回忆说:"我毕业后留校任教,不久,吴院长亲自给上海第一医学院副院长黄家驷教授写信,推荐我去进修。黄教授极为重视,专门安排一位高级技师像带研究生一样帮教我,使我受益匪浅,回校后不光能讲运动生理学,还能进行人体活检。"北京体育学院成立后,吴蕴瑞又陆续派青年教师去参加研究班,听苏联专家讲学。

1956年7月,华东体育学院更名为上海体育学院,为办好新校,国务院副总理兼国家体委主任贺龙元帅到上海,亲自选定清源环路650号为新校址,对吴蕴瑞的办学有方给予充分肯定。吴蕴瑞亲自规划,绿化校园,美化环境。他常说,校园环境整洁、优雅,学生才能有好心情去读书、训练。

他平时十分关心学生生活,经常到学生食堂检查卫生,检查伙食质量,教育炊事人员要保持环境清洁,饮食卫生。

学生出早操,他也早早来到操场上,有时还和学生一起跑步。五六十年代,学生的家庭经济大多不宽裕,有些学生往往光着膀子跑步,见院长来了,觉得不礼貌,有的忙着去穿运动衫,此时,他总是慈祥地笑着说:"继续跑,继续跑!"有时他也"赤膊上阵",与学生打成一片。

几位教授还谈到,他们做学生的时候经常到老院长家请教问题,总会受到热情接待。吴师母还用水果、点心招待我们。但吴老师并不马上解答问题,而是反问几个为什么,答案也就出来了。

黄良友毕业留校任教。1956年,吴院长派他和马如棠去北京体育学院研究班听苏联专家讲学。由于去得匆忙,忘了带钉鞋。吴院长知道后一直放在心上,一次去国家体委开会,挤时间专程去北京体院给黄良友送钉鞋,并询问他们的学习、生活情况,黄良友教授说:"当时我们非常感动,其他同学十分羡慕。这件事我一辈子也忘不了!"

吴蕴瑞在长达半个多世纪的体育教育生涯中,培养了一批又一批体育专门人才,许多人成为新中国体育领域的中坚力量。

丹 青 方 家

吴蕴瑞多才多艺,对戏曲、音乐有爱好,对书法绘画尤有较深的造诣。1992年1月,上海体育学院、上海市体委、民革上海市委、上海美术馆和上海博物馆共同举办"纪念体育先驱吴蕴瑞先生百年诞辰"书画展,在揭幕典礼上,上海市政协副主席、著名表演艺术家张瑞芳说:"我原以为吴蕴瑞先生是了不起的体育家,想不到他还是位了不起的书画家。"实际上,体育界的一般人士也不了解吴先生书画方面的造诣。

吴蕴瑞先生从青年时代起,就精研历代名人发帖,擅长草书,同时着意于竹、梅,清香有节,似其风格,后及翎毛、花卉。行家评价说,吴先生的书画以工力胜人,不以妍艳见长,他画的竹颇有板桥遗风,为海内书画界所推崇。著名美术理论家邵洛羊说,吴蕴瑞先生书画功力深厚,在中央大学担任体育系主任时,就与本校艺术系主任徐悲鸿先生交往甚密,切磋丹青,有较高的艺术素养。

在中央大学时,吴蕴瑞特意从朋友处借来一架望远镜,连续多日到鸡鸣寺细心观察小鸟在枝头的各种动作神态,一站就是几个小时。假日,常去农村深入生活,从各个不同的角度观察牛的形态、动作。他笔下的飞鸟、牛犊栩栩如生,十分传神。至今,泰山岱庙仍留有他的墨宝。

吴蕴瑞先生的夫人、著名画家吴青霞在接受采访时说:"老先生(她对丈夫的尊称)平时讲学著作以外,酷嗜书画,早晚临池作画,从不间断。多次举办个人画展和参加书画展,博得好评。"她还出示了"老先生"挥毫的照片以及部分作品,并自豪地说:"老先生的书画相当出色,在体育界是少有的。我们的结合,正是由于这一点。"

这里有个小插曲。1953年,吴蕴瑞院长给著名武术家王子平先生写了一封信,介绍陶心铭等四人去中医伤科治疗。王子平先生看着吴院长的信,情不自禁地连赞"好字!好字!"反复欣赏,爱不释手。

吴蕴瑞1976年4月10日与世长辞,享年84岁。生前为民革上海市委常务委员、上海市政协委员、上海市第1—5届人民代表大会代表。他毕生致力体育教育事业,首创上海体育学院并任院长长达24年之久,这在我国高等学校中是极为少见的。真是:培育英才五八载,桃李芬芳遍四海;海涵春育作垂范,体坛艺苑称奇才。

著名体育教育家吴蕴瑞教授

赵 普

(此文为吴蕴瑞弟子对恩师的追忆,作者1945年
毕业于国立中央大学体育科)

吴蕴瑞教授(1892—1976年),字麟若,著名体育教育家,江苏江阴人。1892年生于江阴,1915年以品学兼优的成绩毕业于苏州师范学校。1918年毕业于南京高等师范学校体育科(第一届),随后任暨南大学体育教员半年。1924年又毕业于东南大学体育系,获学士学位。当时,江苏省教育厅为体育专业设置一个留美名额(中国第一个体育专业官费留学名额),吴蕴瑞以优异成绩考取,于1924年赴美留学。先在美国芝加哥大学医学院攻读人体解剖学、生理学,后转入哥伦比亚大学师范学院研究体育,获教育硕士学位。1927年春,由美国赴欧洲进行体育考察,了解欧洲的体育状况,并与英、法、德等国体育专家讨论体育学术,历时半年。吴蕴瑞回国后,先后在东北大学、北平师范大学、中央大学体育系任教授兼系主任。

新中国成立后,吴蕴瑞教授任南京大学体育系主任。1952年任华东体育学院(今上海体育学院)首任院长和上海市体委副主任,并当选为中华全国体育总会副主席。1976年不幸因病辞世,享年84岁。

吴蕴瑞教授是我国最早从事运动生物力学的研究者,在20世纪50年代,即编著了中国第一部运动生物力学书——《运动学》。其他论著有:《人体机动学》《体育教学法》《田径运动》《体

育建筑与设备》《青少年体育锻炼》,并与袁敦礼教授合著《体育原理》(袁敦礼教授曾任北平师范大学体育系主任,1944年曾来重庆中央大学沙坪坝校本部讲学,由中央大学教育系许恪士教授主持,笔者曾去听讲)。

吴蕴瑞教授是我国著名的体育教育家,从事体育工作60年,对我国近代、现代体育的发展均具有较大影响。他教学经验丰富,学术造诣精深,桃李满天下。为此,还有一些鲜为人知的趣事,今选录两点如次。

其一,吴蕴瑞教授以治学严谨、学术渊博而闻名,体育是他的主攻学科,书画是他的业余爱好。

1944年,一个星期天的上午,笔者和同班同学杜文辉一道,专程前往吴蕴瑞老师的家中,请教有关体育建筑与设备课程中的一些疑难问题。吴教授正在绘画,他亲切地接见我们两个四川学生,拿出川橘、花生招待,并摆摆龙门阵。吴教授住在歌乐山麓下的大院子里,屋前一片水田,是个清幽静谧的好地方(普通中央大学教授的居家难有此机遇)。因屋主喜爱字画,所以房租只是象征性的,一直住了八年。吴老说,除有体育课才去中央大学校本部外,平时总是在家绘画写字,他特别爱画水牛,其字则以行书见长。他又说,水牛(牸牛)乃家畜之大者,体肥重,性驯而力强,四川农家多畜之,因其能泅水而名水牛。

我们还请吴教授谈谈运动学。他说,运动学也称人体机动学。它是体育科学的一门学科,用人体解剖学和力学来解释各种运动……

当我们告别吴老师时,他十分热情地赠我们两幅行书墨宝,永作纪念。笔者趁1983年第五届全运会在上海举行之便,拜访了任教于上海体育学院的中央大学校友刘汉明、吴玉昆和徐汝康等教授,才得知吴蕴瑞教授已于1976年仙逝,令我无限思念!

其二,1948年年底,中央大学体育系系主任江良规举家离开南京,先到上海,后去台湾。当时,体育系师生联名恭请德高望重的吴蕴瑞教授出来主持系务(人们亲切地称他吴老)。吴老临危受命,积极投身学校护校应变活动。

吴蕴瑞教授身材虽矮小,但身体健康,不沾烟酒。当时,吴老家住南京成贤街中贤村二号一楼。1951年的一天,吴主任叫体育系毕业留校的戴华助教去他家谈事。其客厅里悬挂了几幅书画作品,当戴华正在欣赏一幅"牯牛休闲竹荫下"国画时,吴老突然出来拉他手说:"快让路,它要冲出来了!"吴老指的是画中活灵活现的一头牯牛(水牛)要从画里跑出来了。令戴华一场虚惊!吴老言谈诙谐,幽默有趣,给人以平易近人之感。

我国体坛一代宗师吴蕴瑞教授驾鹤西去近三十载,其传道、授业、解惑、精育后进之功必将与世长存,令我等门第子永志不忘。

附录 4
后人访谈

采访对象：北京科技大学　孙静远

（吴蕴瑞的小儿媳，现年 86 岁）

图附录 4-1　北京采访孙静远老师

1. 您记忆中的吴老先生是个怎样的人，能谈一谈他的生平往事吗？

我一共只见过吴老先生一次。记得那是 1973 年春节。我第一次和吴承建回上海去他家探亲。他们仍住在上海河滨大楼。此时的老公公已是一位八十一二岁的高龄老者,然而身体还挺好,精神也不错,整天也是乐呵呵的,满脸堆着孩子般的笑容。不过,据继母说,老公公的忘性极大,早上自己买的东西,转脸就忘了,并不断问起那是谁买的啊?继母虽然向老先生介绍了我,但他并不记得我是谁?! 有一回,我问老公公我是谁啊?他竟说我是他的继女! 近期的事虽然不记得,但对某事的远期记忆还是挺好的! 他反复向我讲述了他的老父亲在老家如何如何地喜爱花卉、种了多少多少盆花! 几乎每次讲述的内容都一样。我们探亲期间,我的父亲正好也来到上海出差。父亲也是第一次见亲家,便在饭店请老亲家夫妇吃饭。吴老父亲高兴得很! 看上去总是像孩子般的快乐。饭毕,离开饭店的时候,继母仔细地帮老先生穿好外套、戴好帽子的样子我印象也还很深。继母像照顾小孩那样认真体贴地照顾老公公,让他的生活非常有规律,保证了老公公的健康。当时,家务事全由继母亲自操持。我看到的老公公就是这样,对他的生平往事并不了解。

2. 您和您的先生(吴承建)是怎么相识的? 生活中他是怎么评价他的父亲的? 他有没有和您聊起过小时候与吴老先生在一起生活时的往事?

我先生吴承建是比我高两个年级的大学学长。1953年高中毕业,随即考入北京钢铁学院(现北京科技大学)金相及热处理专业。1957年大学毕业后留校,始任金相及热处理教研室助教。我于1955年上海高中毕业后,也考入北京钢铁学院,与他同一专业。1960年,我毕业后留校,也分在金相及热处理教研室任助教,与吴承建成为同事,就是这样认识的。我们于1968年在北京结婚。吴承建性格比较腼腆,平时也较少谈到家里的情况。我只知道他家几个兄弟姐妹,他是兄弟姐妹中最小的小弟。他的小哥哥(吴翼)比他都大十来岁。大哥大嫂解放前就去了台湾工作。大姐、大姐夫20世纪40年代中期就去美国留学了。二哥、二嫂在合肥生活工作。所以,兄弟姐妹在一起生活的时间并不很长。1950年9月,他在南京师范学院附属中学上了高中。1953年,毕业后即考到北京上大学。他童年的十五六年时光,正是抗日战争期间,和父母在一起的经历应该还是比较多的,可惜,很少专门听他说起小时候和父母在一起的生活经历,只是日常生活中,偶尔提起一些零碎的只言片语,并不完整,所以我也实在想不起来了。但有件事,他倒是不止一次地提起过,而且是非常高兴地说起,那就是他父亲与徐悲鸿先生之间的深厚友谊。例如,父亲与徐悲鸿先生的挚友关系,他们时常交往,徐先生很爱吃他母亲烧的一手好菜,父亲如何慷慨解囊帮助徐悲鸿先生渡难关,徐先生的"墨猪"故事,老先生时常和徐先生交流绘画的事,特别提到徐先生赠送"负伤之狮"的故事,以及老父亲积极支持徐悲鸿夫人创办徐悲鸿纪念馆,无偿回赠"负伤之狮"的故事,等等。我先生非常敬重徐悲鸿先生,买了许多有关徐先生的书籍和画册。我们还曾经专门前往北京新街口的徐悲鸿纪念馆参观。吴承建对那里的一些展品好像也比较了解,还讲给我听。这些想必都是他少年时期里印象比较深的经历吧?!至于他对父亲的评价,我想不起来有什么特别的评价。但我的印象中,他很敬重他的老父亲。他也曾说到过他父亲对他们子女并没有什么特别的要求和限定,而是让自己的子女充分自由地发展。他也很赞同父亲的这种做法。

3. 从您的角度谈一谈民国时期的上海？当时中国教育界的情况是什么样的？吴蕴瑞先生和哪些教育界、体育界名人有过接触和往来吗？

民国时期是指到 1949 年解放以前的时期。那时我年龄尚小，还只是个小学生。我于 1936 年出生在德国。我父亲孙德和 1934 年毕业于清华大学化学系。1935 年秋，考取安徽省官费，即将出国留学。出国前完婚，带着我母亲一起去了德国，所以，我 1936 年出生在德国柏林。第二次世界大战爆发期间，父母无法回国，在德国居住十年。父亲继续完成学业。第二次世界大战结束后，1945 年下半年我们才得以动身回祖国。1946 年上半年到达上海。那时，我还不满十岁。1947 年下半年我插班上了上海新陆师范附小。1949 年夏，也就是上海解放那年，我小学毕业。1955 年夏，中学毕业于上海华东师范大学一附中。后考入北京钢铁学院。这样的年龄自然对解放前的教育界、对社会上方方面面的事情都还没什么概念，无什么了解。

4. 请介绍吴氏家族的情况？为什么后期吴老先生的子女分隔多地？家族成员和他的子女之间是否联系紧密？

从吴蕴瑞先生的小家庭说起：吴蕴瑞老先生生于 1892 年，江阴人。原配夫人陈淑贞，生于 1894 年、江阴人。他们育有三子一女：

长女吴耀彤及丈夫徐贤良，20 世纪 40 年代中期赴美留学，后定居美国。20 世纪 70 年代后期，大姐曾回国探亲一次，适逢老父亲正在杭州因病住院，得以见此最后一面。后姐夫也回来一趟探亲。他们夫妻二人因年事已高，身体出现状况，先后在美离世。育有一子一女,均在国外。

长子吴承砚是1921年生人。1947年毕业于中央大学美术系。毕业后偕妻单淑子迁居台湾。目前,夫妻二人均已过世。育有一儿一女。女儿已故,儿子吴大维现居台北。

次子吴承芝(吴翼)生于1925年。1948年毕业于中央大学园艺系。定居合肥,已故。妻陈秀珠仍在,育有二子一女,长子吴大蔚、次子吴谦、女儿吴玉桦均居合肥。

幼子吴承建生于1934年。1957年毕业于北京钢铁学院,后一直在北京钢铁学院任教。2018年离世。育有一子吴越。

我想,大姐夫妇40年代即离家赴美留学。大哥大嫂也是解放前已到台湾工作。由于国家政治形势变迁的情况自然断了正常联系。直至20世纪70年代后期才得以恢复往来。解放后只剩下幼子吴承建在大陆,离家求学较早。大学期间,母亲因病于1955年去世。家庭成员之间的联系自然不多了。

从吴蕴瑞的大家庭来说,吴蕴瑞老先生是兄弟四人,他是老大。二弟吴蕴璐较早地辞世。

三弟吴蕴玶于1994年辞世。其子吴承顺生于1929年。1952年毕业于上海同济大学。中国科学院植物研究所教授,已退休。现年93岁。其子吴大章,定居北京。

四弟吴蕴琪于1989年辞世。其子女在老家江阴。

5. 能谈一谈吴蕴瑞先生第一任妻子的情况吗?请您谈一谈对她的印象?能聊一聊吴老先生和第一任妻子的婚姻和日常生活吗?

吴蕴瑞先生的原配夫人也是江阴人,名陈淑贞,生于1894

年,1955年才60出头,因食道癌在上海去世,我从未有幸认识这位婆婆。因此,我也无从谈起他们二老的日常婚姻及家庭生活。我只听吴承建不止一次地提到他母亲烧得一手好菜!并在一篇文章中提到过一句:"徐先生(指徐悲鸿先生)很欣赏我母亲的厨艺,也常来我家做客。有时还约请艺术系的黄君壁先生或张书旂先生同来。"我见到过吴承建身上穿了多年的一件黄色毛衣,那是他母亲亲手为他织的毛衣,他很爱惜。我看到在吴承建大嫂的一篇自传回忆中有一小段中提到:"承砚……出生于江阴乡下,祖父是乡下的私塾老师,生活清苦,但父亲用功念书。母亲是城里小姐,却没有念过书。父亲在南京毕业后,考上江苏省公费留学美国,仅一名额是必习体育,出国前,承砚与他大弟弟已出世,因父亲又转赴德学解剖学。所以承砚真正认识父亲时已6岁。(父亲)旋即迁居南京,回母校教书。"

我想,大哥吴承砚生于1921年,那父母至少在1920或1919年结的婚吧?父亲离家那么长的时间,母亲一人在家里带着三个孩子①,维持着家庭生活正常运转。想必,吴蕴瑞老先生的原妻一定是一位很贤惠的贤妻良母吧!

6. 吴老先生除了书画还喜欢音乐,您还记得他都听些什么乐曲?他平时生活中是什么状态?

我在1973年春节第一次去上海吴家探亲,第一次也是最后一次直接认识了老先生。那时,老先生已经是80多岁的高

---

① 吴蕴瑞于1924—1927年赴美留学,当时幼子吴承建还未出生,这三个孩子指的是大女儿、长子、次子。

龄老人,身体健康状况还挺不错,但脑力衰退明显。所见日常生活完全由继母照顾,继母照顾得也非常仔细周到、有规律。对其他的生活状况实在是不了解。记得吴承建好像说过,老先生也很喜欢弹弹琵琶?听堂哥吴承顺说,吴老在南京住的时候,因南京夏天实在太热,吴老就带着家眷回江阴老家住些时候,并经常在家画画。画画也是吴老先生的一大爱好和能耐!

采访于北京海淀区学院路
2021 年 9 月 12 日

采访对象:中国科学院植物研究所　吴承顺

(吴蕴瑞的侄子,现年 93 岁)

注:以下文字根据吴承顺先生的口述内容整理而成。

上海那个体育场,就在我念书学校的旁边。后来,就在江湾地区选了块地造了一个体育场。华东体育学院在江湾那边也批了一块地,当时有点资金能造房子,整个体育学院就搬出那个老地方了。

我记忆中有人说,中国体育界就两个权威人士,一个就是我的大伯父吴蕴瑞,另一个就是清华大学的马约翰,俗称"南吴北马"。

我的祖父一共有四个儿子,老大就是我大伯父吴蕴瑞,老二叫吴蕴璐,老三是我父亲吴蕴坪,老四叫吴蕴琪。

我的曾祖父是一个铁匠,在江阴乡下老家村子的中心位置开了一个打铁铺,他只有一个孩子,就是我祖父,叫吴俊明。我的曾祖母是从江阴城里嫁过来的,很会管教小孩子念书。我祖父白天要放牛,晚上点灯熬油抓紧念书,我祖父书念得好在当地是出了名的。他十七岁第一次参加科举考试,就考中秀才。当时这个年龄中秀才的还有一个人,就是梁启超。这在当时是一件了不起的事情,整个村子的人纷纷登门报喜,看看高中的秀才。一来二去的,我祖父在当地远近闻名了,一些人家请祖父去做家教,后来我祖父买了一个房子,有三个大厅,旁边还有几间房子,自己开了一个私塾,经常做慈善。

1903年,镇上要办私塾,由当地一些乡绅出资,请我祖父去教书。民国以后,这个镇上私塾变成小学了,聘我祖父为第一任校长,我小时候也在我祖父那个小学念书。

在我小时候的印象中,老人说江苏南部,如苏州、常州一带出秀才、进士和状元,这种家庭当官的居多,他们经常找到我祖父,请他去登门教书。可惜我六岁的时候,我祖父就去世了,我的大伯父和我父亲小时候在祖父的影响下,书念得也好,都是师范学校念书的。

特别是我大伯父自小跟随祖父念书,饱读"四书""五经",考上了大学,后来留校任教,又去美国留学,回国当系主任了,被聘为教授,经济上还可以。他们家就自己造了一座房子,是一栋二层楼的别墅,就在南京大学旁边过去几公里远,抗日战争的时候被日本人给占了,后来又被国民党占了,现在一点消息也没有,可惜了。我大伯母的娘家也在江阴城里,大伯母是一个很贤惠的人。

南京一到夏天就很热,当时也没有空调,大伯父一家暑假时就回老家。老家因为在农村,有成片的树林,还有水塘环绕,总体来讲一到晚上凉风宜人,避暑蛮好的,所以,他们一家到夏天都要回老家。

我大伯父对人非常热情,不管是谁登门,他就像自己亲戚一样地招待,所以,他从小跟我们周围村子里面人的关系非常好,他的小名叫麟若。每次他回老家避暑,村子里面人一见到他就说:"麟若回来了,麟若回来了",好像全村的人都认识他。

夏天,他下午就在家里的大厅开始作画,晚上乘凉的时候就到外面去,每天晚上到家里找他的人特别多。我那时候才六岁,蛮小的,就经常看到很多人到家里围着他,老乡们都想和他聊聊,谈谈心事,他待人真心真情,常帮助人,他也帮忙介绍一些人去南京工作。

采访于北京吴承顺家中
2021 年 11 月 10 日

采访对象:上海电视台译制部　张欢

(吴蕴瑞妻子吴青霞的外甥女/养女　现年 76 岁)

图附录 4-2　上海采访张欢老师

提问者：张老师您是哪年退休的？

受访者：我是2002年退休的。我原工作单位是上海电视台译制部，是一名配音演员。我本应该还要工作几年，但是因为我的视力不好，眼睛有黄斑变性，所以就退下来了。现在偶尔也会有演出来找我，但是我有时候还会觉得视力疲劳，要配一部完整的作品还是很累的。

提问者：您一直居住在巨鹿路这里吗？

受访者：不是。我原来住在延安中路913弄四明村。我姨母吴青霞是常州人，她18岁到上海来，一开始她不跟我们住在四明村，后来又搬了几次家，最后就在四明村的58号定居下来了。我的母亲是她的妹妹，是亲妹妹，她们姐妹俩还有外婆一起住在四明村。姨母和吴院长结婚以后先搬到上海体育学院原来在圣约翰大学那个校址，在中山公园附近，就是现在的华东政法大学。那时候，他们就先住在学校的小洋楼里。1956年以后，上海体育学院搬到江湾那边，吴院长和姨母就搬到北苏州路那里的河滨大楼。我后来上学住校以后，每礼拜六的晚上回四明村，礼拜天一早就到河滨大楼，礼拜天的晚上再从河滨大楼回到我的学校，当时叫中福会少年宫小伙伴艺术团，我加入了戏剧队学习朗诵和表演。后来，我每次放寒暑假也都住在河滨大楼。

提问者：在您生活的孩童年代，上海是一个什么样的景象？

受访者：上海那时候已经是和平年代了，还没有像现在这么繁华。比方说四明村对面当时是上海工业展览馆，你知道吧？我小时候看到那里还是一片废墟，后来建中苏友好大厦的时候就开始有点欣欣向荣的景象了。因为我上小学时，每天都要从那附近穿过，留下的印象比较深刻。还有那个时候有苏联专家到上海体育学院作交流,吴院长就会请那些苏联专家到家里来吃饭,他们对我姨母的烹饪手艺是大加赞赏,因为她能烧一桌很好的饭菜,基本上是本帮菜。冷盘的菜还要装点一下,很精致的。所以,苏联专家吃得非常开心。

提问者:客人们喜欢您姨母烹饪的饭菜吗?

受访者:喜欢啊,姨母是常州人,我的外婆就非常会烧菜,我的外公回家也爱喝点小酒,有时候需要应酬,我外婆经常会烧菜。后来搬到上海,外公有时候带着姨母吴青霞去参加一些应酬。

提问者:您指的应酬是什么?

受访者:画家经常有笔会,邀请一些名流吃饭什么的。因为我姨母吴青霞到上海时虽然只有18岁,但一举成名。人家不相信这么小的女孩怎么会画那么好,有的甚至觉得是代笔。于是,姨母经常当众挥毫,而且还不胆怯,所以大家都赞赏。就连张大千先生看到我姨母挥笔作画时,都感叹这个小姑娘怎么画得那么好。要知道有些人当众挥毫时会胆怯,而她不胆怯。记得我姨母说,她在作画时看的人越多,她觉得自己就像演员一样,演员不是观众越多演得越来劲嘛,她画画也是这样。

提问者:这就叫艺高人胆大。您的姨母18岁到上海就成了书画界的名人,她在上海应是一位名媛吧?您知道她当时和上海哪些名媛有过来往吗?

受访者:有很多呀,周鍊霞、李秋君、陈小翠、陈佩秋、陆小曼啊,很多人,她们成立了中国女子书画会,我姨母也是发起人之一。

提问者:您觉得您从小对艺术的这种热爱是源自姨母和吴

老先生的影响吗?

受访者: 一定是有影响。特别是他们两位在书画艺术方面都有很高的造诣,所以,我从小就很喜欢艺术,而且艺术是相通的,有的时候他们也跟我说书画讲究明暗虚实,话剧也要讲究抑扬顿挫,这些都有相通的地方,所以,我潜移默化地会受到他们的影响。

提问者: 在您眼中,您看到他们两人平日里经常会一起探讨书画创作吗?

受访者: 日常生活中,我觉得他们两个人非常默契。比方说吴院长写了字,就让姨母来看,你觉得怎么样? 姨母说不错。姨母画的画又让他来看,问吴院长觉得画怎么样? 两人经常一起探讨。吴院长有时候也要画画的,画画的时候,姨母就说这个地方可以加点什么,或者是这个地方可以不需要。吴院长又非常喜欢临摹倪瓒的山水画,他们俩就互相在那切磋。我那时候还小,也记不得他们具体说什么。反正感觉他们非常和谐,互相关心,但并不是说卿卿我我,不是一天到晚好像粘在一块。我印象当中两个人有太多的共同语言。吴院长是很儒雅的学者风范,很有风度,我感觉他非常高雅,而且非常和蔼可亲,他没有任何架子。他有时候写的字也会叫我去看,我对他说写得很好看,他就很高兴,有时候露出那种很天真的笑容,就是很开心那种感觉。

提问者: 吴老先生不仅写了一手好字,他还擅长画牛,是吧?

受访者: 是。在书画方面,他有一位挚友,就是徐悲鸿先生。他们是非常要好的朋友。他们俩共事于中央大学,后来成了莫逆之交,我想他们在学识方面、在艺术方面有很多共同语言。吴院长曾经跟我说过,当年徐悲鸿办画展,吴院长想让徐悲鸿画展有更大的影响,主动买下了多幅徐先生的画作。之所以这么做,并不是说吴院长当时多有钱,他不是挥霍浪费的那种人。那个年代的画不像现在那么价值连城,他买下那么多画应该属于君子之交,行侠仗义吧。

提问者:吴老先生的身高是多少?

受访者:大概1米7差不多。他不胖的。

提问者:您印象中吴老先生平时喜欢锻炼吗?

受访者:锻炼是锻炼的,但不是力量很大的那种锻炼,他是一个儒雅的学者形象。他们家养花,阳台上养了很多花。吴院长喜欢养月季花,还有兰花。早上,吴院长会起来浇花,他是很有生活情趣的人。我记得1962年还是1964年,那一段困难时期,他们还在阳台上养鸡,鸡再生蛋,很有意思。

提问者:我想他们当时住的河滨大楼面积应该很大吧?

受访者:很大,是公寓大楼,一共有7楼,原来是英国人造的,所以,房子的结构非常好,那么多年都保持得非常好,现在它变成10楼。他们家住5层,510室。一进去就有一个很大的走廊,再进去就是三大间,一间就是画室,一间是吴院长的书房,一间是卧室,走廊两边又有很大的壁橱,房间里也有两个很大的壁橱,吴院长的书房也有壁橱,而且会客室的空间很大。1976年吴院长去世后,我经常和我母亲去陪她,否则,她很孤单。因为那里成了姨母的伤心地。

提问者:河滨大楼是当时学校安排的居所吗?

受访者:对的。是没有产权的。应该是谁住谁租。开始是学校给吴院长付房租的,后来他们觉得不要增加国家的负担了,就主动提出自己来付房租。

提问者:吴老先生和您姨母是怎么相识的?

受访者:他俩相识还是上海体育学院图书馆馆长黄济才(字若舟)做的媒。我姨母原来有过一段婚姻,但是并不幸福。第一任丈夫是一名律师,这位律师在和我姨母结婚前曾经有过婚姻,而且还有孩子。但是我姨母在跟他结婚的时候,他没有说老实话,脾气也很坏,两个人在婚姻中经常争吵,后来就离婚了。

提问者:您姨母的第一段婚姻不幸福,但是和吴老先生的这段婚姻应该是非常美满的。

受访者:对。我很敬重他,非常敬重他。记得吴院长第一次到四明村来,是我给他开的门。那时候我还是一个七八岁的孩子,开门后我叫他公公,因为那时候他已经60岁了。然后我问他找谁,他说找吴青霞女士,我先让他进屋在客厅坐一坐,我姨母是在三楼,我赶快就上三楼叫我姨母下来。等我到三楼跟姨母说楼下有人找,接着姨母就说请他到二楼画室里来坐,我就请吴院长到二楼画室。吴院长非常客气,我一个小孩子看见他一点不觉得害怕,我当时给他倒了一杯水。我就觉得他很亲切,不会觉得他很难接近。

提问者:吴老先生的孩子情况您知晓吗?

受访者:吴院长之前也有过一段婚姻,他的第一任妻子因病去世,和我姨母在一起之后,两人感情非常好。吴院长和第一任妻子育有3个儿子和1个女儿。女儿是老大,去了美国。大儿子生活在台湾,二儿子现居住在合肥,小儿子在北京。但是吴院长的孩子都已经去世了,现在到了孙子辈了。我曾经看过吴院长伏案给他的大女儿写信,用毛笔写出非常漂亮的楷书,而且总是让他女儿将来要叶落归根,所以,他一直有爱国情怀。他大女儿的孩子小雨,是吴院长的外孙,小的时候被留在上海,是在吴院长身边长大的。我还记得吴院长去北京开会时,我就到中山公园原圣约翰大学那边去,跟小雨经常一起玩,因为我们俩年龄差不多。1957年前后,小雨被接去了美国,后来我和小雨信息就断了,之后就不来往了。

提问者:他们俩结成一对伉俪,相濡以沫,晚年很幸福吧?

受访者:他们俩在一起的时间太短了。他们两个很恩爱。记得吴院长"文革"时期不能画画,一天到晚要写检查,住在学校里不能回家,一个礼拜回家一次,他有低血糖,所以,我姨母也很担心,周末回家短暂休息后,礼拜一的早上,我姨母就给他背一个书包,书包里面要放几颗糖。因为有低血糖的人经常会昏过去的。那个时候工资只有12元,姨母节省着用,惦记着要给吴院长再多带几个鸡蛋。

提问者:您能感受到他那时候的心情吗?

受访者:当然心情不好的。

提问者:等于说那十年当中,吴老先生和您姨母大部分时间都是分开的?

受访者:当然。吴院长一个礼拜回家一次。我姨母要经常下乡,那个时候开展延安文艺座谈会学习,经常要下乡劳动,或者去工厂劳动,住在那不能回家。她就不放心吴院长。

提问者:所以,我知道您为什么说他们俩在一起的时间太短了。

受访者:那时候不知道将来的日子会是什么样,甚至不知道希望是什么。后来才拨乱反正一步一步好起来了。我想年轻人肯定不了解我们,因为那个时代简直是不可想象的。我记得吴院长记忆力逐渐下降,总忘东西。我姨母就在他们的餐桌上方放了一块红纸,红纸上用非常漂亮的书法写着"煤气、钥匙,望注意"几个字来提醒吴院长,我能感受到姨母对吴院长的关爱。

提问者:他们俩从动荡的年代一路走来,再到新中国成立,两位老人在事业和生活方面有没有给您印象深刻的记忆?

受访者:记得他们两个经常去杭州或是去黄山。我姨母一共去了6次黄山,吴院长陪伴姨母去了4次。我姨母曾跟我说过,1961年他们去黄山那次,他们两个人在山上写生。突然在他们身后冒出来一个人,看起来有点贼眉鼠眼的。这个人看出姨母他们两个是画家,就说很喜欢画,想让姨母送一幅画给他。我姨母就问他是干什么的?这个人说自己也是画画的,也喜欢画画。但我姨母感觉到这个人有点不像好人的样子,就跟那人说:"先把地址留下来,我现在也没有时间画,回到上海有时间画出来后寄给你。"那人同意了,留了一个地址。那时候,黄山不像现在游客这么多,晚上也没什么人。我姨母他们住的招待所有5间房,门口只有1个值班人员,叫老王。我姨母主动问老王,是不是今天这边有一个人也来这,老王说是的,他拿出登记本,姨母接过来一看,登记信息和这个人当面说的根本是两回事,他就知道这个人作假了,然后他们就提防起来了。也许姨母问老王的话被这个人听到了,到了晚上大概是12点了,这个人突然窜到他们的房间里来,看年龄这个人40多岁,而姨母和吴院长都年纪大了,怕是来硬的招架不住。这个人跟姨母说,把早上留的那个地址拿出来,我姨母说找不到了,那个人就开始凶神恶煞的样子。后来姨母就说太晚了,明天再找一找,那个人就走了。第二天早上,他俩醒来就去问老王,老王说这个人一早就走了,我姨母他俩觉得山上没人,一旦再有什么事的话也没人帮忙,决定赶紧下山。结果下山途中碰到了那个人,他们俩都有点害怕,吴院长就拿起地上那种比较粗的树枝准备跟他要搏斗了,那个人因为身边就是悬崖,也没敢动手,先躲掉了。僵持一会后,他们总算碰到了一个评弹团,他们马上跟这个评弹团的人说了此事。评弹团说上面有一个气象站,那里可能有部队,然后就帮忙联系气象站那里的部队,后来派部队的人就把这个人抓起来,结果一查这个人居然是个逃犯,这件事情还是蛮惊心动魄的。

提问者:您印象当中觉得两位老人愿意听戏吗?

受访者:喜欢,非常喜欢看京剧和昆曲。我也陪他们去看过言慧珠、俞振飞先生演的昆曲,他们很喜欢听。平时在家也哼唱《苏三起解》。吴院长还对音乐很有兴趣,像古琴、三弦他都弹得很好。他有一把古琴,后来捐给学校了。

提问者:您姨母虽然有过一段婚姻,但是没有孩子,她后来一直没有生育吗?

受访者:是,我姨母没有孩子,我从小在她身边长大,她也很疼爱我。吴院长去世后,我姨母和我就办了一个公证,就是公证一下我是她的养女,她完全把我视同己出。我母亲和我姨母他们两姐妹就很亲的。我外公一共有12个孩子。外公娶了两房,我外婆是大房,生了7个孩子,二房生了5个。我姨母排行老六,我母亲是老七,她俩差了4岁,姐妹间基本上没什么代沟。

提问者:所以您从小是在鼓励的氛围当中成长起来的?

受访者:是的。因为我后来也搞艺术,她又非常赞同我搞这个,经常也会跟我交流,记得我配的第一部日本电视连续剧《姿三四郎》要播出,那个时候一星期播一次,如果她有笔会应酬的话,她一定在电视剧要播出的时候跟其他人说对不起,我要去看张欢的电视连续剧去了。

提问者: 因为有您的配音!

受访者: 对。电视剧播完了,我当天回家和她见面后,她会跟我讲,你这个地方是不是可以换种语气什么的。因为我同时给性格不同的两个姐妹配音,她也会觉得这个地方好像性格可以再出来一点,两姐妹一个是比较谦和的,一个是比较居高临下、盛气凌人的,这样可以更容易区分开了,她会给我很多意见和鼓励。我姨母吴青霞先生跟上海体育学院一直有很密切的关系。吴院长去世以后,每一年学校的党委书记、院长都会来家里拜访,所以,我姨母和学校之间的关系非常密切,她也画了很多画给上海体育学院,上海体育学院有什么校庆的活动,总是请她去。

采访于上海市巨鹿路
2021 年 9 月 5 日

附录 5
吴蕴瑞发表的文章略表

表附录 5-1　吴蕴瑞在主要期刊上发表的文章统计（部分）

刊物名称	发文数量（篇）	文章题目	发表年份
《大公报》	1	体育上之相对主张	1931 年 8 月 12 日
《勤奋体育月报》	3	吾国体育不振之原因	1933 年 1 卷 1 期
		运动选手制与运动总锦标	1935 年 3 卷 1 期
		强健身体之方法	1936 年 3 卷 5 期
《国立中央大学教育丛刊》	3	体育之国界问题	1935 年 2 卷 2 期
		体育之品格训练及我国国民之需要此种品格	1940 年 5 卷 1 期
		体育与健康教育之区别及今后之小学体育问题	1935 年 3 卷 1 期
《国民体育季刊》	1	师范学院体育系之缺点与改进	1941 年 1 卷 1 期

续　表

刊物名称	发文数量（篇）	文章题目	发表年份
《体育季刊》	24	功利主义及文化主义与体育	1933年1卷2期
		体育与军事训练之关系	1936年2卷2期
		论总锦标	1935年1卷3期
		对于福州、镇江及青岛三处暑期体育讲习会之感想及今后暑校之办法与教师训练之要图	1935年1卷4期
		公立学校之测验与测量程序	1936年2卷4期
		游戏规则	1922年1卷1期
		游戏	1922年1卷2期
		武的游戏之价值	1922年1卷2期
		武的游戏	1922年1卷3期
		武的游戏（续一）	1923年2卷1期
		武的游戏（续二）	1922年2卷3期
		体育释名	1923年2卷4期
		短跑起跑之科学研究	1936年2卷1期
		论起跑	1937年3卷2期
		费斯脱氏之体能测验	1922年1卷3期
		按体能分级之方法	1923年1卷4期

续　表

刊物名称	发文数量（篇）	文章题目	发表年份
《体育季刊》	24	费斯脱氏体能测验之改良	1923年2卷3期
		调协	1935年1卷2期
		对于许多肌肉究竟如何	1936年2卷3期
		最近体育测验文字评论	1936年2卷2期
		美国格拉买孰公立学校体育组织大纲	1922年1卷1期
		一九三六年之世界运动会会场概况	1935年1卷1期
		世界运动会各国准备参加之消息	1935年第1期
		二百公尺跑及四百公尺中栏与四百公尺跑之出发点之计算问题	1935年1卷4期
《科学画报》	1	体育科学化	1935年3卷5期
《体育周报》	2	今后之国民体育问题之我见	1932年1卷33期
		国民体育实施方案	1932年第31期
《体育杂志》	15	体育与民族复兴之关系	1935年1卷2期
		体育与国防	1935年1卷3,4合期
		普及体育之意见	1929年第2期

续　表

刊物名称	发文数量（篇）	文章题目	发表年份
《体育杂志》	15	吾国民族复兴中女子体育之重要	1935年1卷1期
		国立中央大学体育概况	1929年第1期
		初中体育科课程标准草案	1929年第1期
		闽省体育之新猷及南游归来之感想	1935年1卷3、4合期
		江苏省中等学校体育讲习班教材摘要：器械操教材	1935年1卷3—4期
		替换赛跑	1929年第1期
		推铅球	1929年第2期
		运动成绩的进步有限制的还是无穷尽的	1929年第1期
		一千九百四十年体育测验之程序	1929年第2期
		美德体育之近况及吾国体育今后之趋势	1929年第1期
		跑道之形式及其计算方法	1929年第1期
		体育建筑	1929年第2期
《体育研究与通讯》	1	瑞典式美国式及德国式体操最近之趋势	1934年2卷1期
《教育与人生》	19	全国运动会感言及今后之觉悟	1924年第31期

续 表

刊物名称	发文数量(篇)	文章题目	发表年份
《教育与人生》	19	篮球之预备游戏	1923年第7期
		篮球之预备游戏(二)	1923年第8期
		篮球之预备游戏(三)	1923年第9期
		篮球之预备游戏(四)	1923年第10期
		篮球之预备游戏(五)	1923年第11期
		篮球之预备游戏(六)	1923年第12期
		篮球之预备游戏(七)	1924年第13期
		篮球之预备游戏(八)	1924年第14期
		篮球之预备游戏(九)	1924年第15期
		篮球之预备游戏(十)	1924年第16期
		篮球之预备游戏(十一)	1924年第17期
		篮球之预备游戏(十二)	1924年第18期
		篮球之预备游戏(十三)	1924年第19期
		篮球之预备游戏(十四)	1924年第20期
		器械体操之评判法	1924年第14期
		篮球记分方法	1924年第20期
		力学与运动之关系	1923年第4期
		网球之力学根据	1923年第4期

续　表

刊物名称	发文数量（篇）	文章题目	发表年份
《时事月报》	1	第十届远东运动会之回顾与前瞻	1934年第1—6期
《体育》	3	手球	1931年2卷1期
		反应时间之重要及其研究	1931年2卷1期
		身体之形式与运动成绩之关系	1931年2卷1期
《体育与卫生》	2	体操释名(续一)	1924年3卷1期
		体操释名(续二)	1924年3卷2期
《科学的中国》	1	由物理方面观察的体育	1933年2卷8期
《广播周报》	3	如何增强国民体格	1936年第100期
		世界运动会与吾国国民体育	1936年第100期
		提倡我国体育目前之先决问题	1937年第120期
《教与学》	2	世运会我国失败之前后责任问题	1937年2卷7期
		正当消遣与抗战建国	1940年5卷3期
《青年进步》	1	我国体育上之自觉	1921年第41期
《教育汇刊》	1	体育学术化	1929年第1期
《中国学生》	1	青年强身之方法	1936年2卷1—4期

续　表

刊物名称	发文数量（篇）	文　章　题　目	发表年份
《中华体育》	3	我为体育界讲几句话	1945年1卷2—3期
		此次抗战之结果与今后我国体育之方针	1945年1卷4期
		大肌肉活动用全部学习法与分段学习法效能之比较	1945年第1期
《安徽教育》	1	体育在中国教育上之地位及其提倡之方法	1930年1卷17期
《大众医学》	2	中国人不是"东亚病夫"	1959年第1—12期
		长寿和它对于社会主义经济建设的关系	1955年第1—12期
《新体育》	3	我所见到的一年来人民体育的几件大事	1950年第7期
		真正为了人民的宪法	1954年第8期
		南京大学的体育活动	1950年第3期
《上海体育学院学报》	2	排球转球的种类及其力学分析	1959年第3期
		第十七届奥运会单杠规定动作的力学分析	1960年第4期
《国风》	1	我的纪念南高	1935年7卷2期
《中央日报》	1	为华东各大学田径对抗欢迎各友队选手	1937年5月1日

续 表

刊物名称	发文数量（篇）	文章题目	发表年份
《新教育》	1	南京大学的体育活动	1950年第3期
《盖世报》	1	体育节中之体育检讨	1942年9月9日
《国立中央大学日刊》	2	为此次本校运动会告全校同学书	1935年4月27日第八届运动会特刊
		体育科一年来之工作概况与展望	1937年4月22日第十届运动会特刊
《江苏教育》	1	体育之前觇与推进中小学体育	1935年新第4卷第12期
《中华教育界》	1	今后体育须顾国民经济	1934年21卷7期
《最近三十五年之中国教育·上卷》	1	三十五年来中国之体育	1931年9月初版
《第四届华中运动会特刊》	2	对于本届华中运动会之感想	1930年
		对于本届女子百米第一湖北选手冯女士跑式之批评	1930年
《中央时报》	1	筹备全运会一点意见	1930年6月22日
《湖北教育厅公报》	1	远东运动会中国失败之原因及今后补救之方法	1930年1卷5期

注：此部分内容是通过研究中梳理大量文献，以及参阅《吴蕴瑞文集》《吴蕴瑞全集》，以及刘汉明于1982年刊发在《上海体育学院学报》上的《体育界一代师表吴蕴瑞师业迹纪略》整理得出。

参考文献

一、著作

[1] 王充.论衡[M].上海：上海人民出版社,1974.

[2] 司马迁.史记(卷五)·世家(一)[M].北京：中华书局,1959.

[3] 吴蕴瑞,袁敦礼.体育原理(第三版)[M].上海：上海勤奋书局,1936.

[4] 罗时铭.中国体育通史(第三卷)[M].北京：人民体育出版社,2008.

[5] 上海图书馆.老上海风情录(四)——体坛回眸卷[M].上海：上海文化出版社,1998.

[6] 谭华,刘春燕.体育史(第二版)[M].北京：高等教育出版社,2017.

[7] 徐立亭.晚清巨人传·严复[M].哈尔滨：哈尔滨出版社,1996.

[8] 梁吉生.张伯苓的大学理想[M].北京：北京大学出版社,2006.

[9] 崔乐泉,杨向东.中国体育思想史(近代卷)[M].北京：首

都师范大学出版社,2008.

[10] 国家体委体育文史工作委员会.中国近代体育文选[M].北京：人民体育出版社,1992.

[11] 全国政协文史和学习委员会.回忆马约翰[M].北京：中国文史出版社,2017.

[12] 陈明辉.中华全国体育协进会研究(1924—1949)[M].武汉：武汉大学出版社,2019.

[13] 张伯苓等.张伯苓：一人一校一国家[M].北京：中国文史出版社,2019.

[14] 孙海麟.中国奥运先驱张伯苓[M].北京：人民出版社,2007.

[15] 张宝强.留学生与中国体育发展研究(1903—1963)[M].北京：中国社会科学出版社,2017.

[16] 何启君、胡晓风.中国近代体育史[M].北京：北京体育学院出版社,1989.

[17] 江阴市暨阳明贤研究院.暨阳之星：江阴明贤传(第二卷)[M].北京：社会科学文献出版社,2002.

[18] "行政院"体育委员会.一百年体育专辑——体育思潮[M].台北：台湾地区行政管理机构体育委员会,2012.

[19] 罗时铭,赵诶华.中国体育通史(第四卷)[M].北京：人民体育出版社,2008.

[20] 罗时铭.中国近代体育变迁的文化解读[M].北京：北京体育大学出版社,2007.

[21] 吴蕴瑞,袁敦礼,郝更生.国民体育实施方案[R].上海：勤奋书局,1933.

[22] 左惟,袁久红,刘庆楚.大学之道——东南大学的一个世纪[M].南京:东南大学出版社,2002.

[23] 蒋和鸣,吴青霞艺术院.龙城女史:吴青霞[M].上海:上海书画出版社,2020.

[24] 王震.徐悲鸿文集[M].上海:上海画报出版社,2005.

[25] 吴蕴瑞.吴蕴瑞文集[M].哈尔滨:黑龙江科学技术出版社,2006.

[26] 杨齐福.科举制度与近代文化[M].北京:人民出版社,2003.

[27] 崔乐泉.中国近代体育史话[M].北京:中华书局,1998.

[28] 二十二年全国运动大会筹备委员会.二十二年全国运动大会总报告(第三编各组股工作报告)[R].上海:中华书局,1934:9.

[29] 政协辽宁省文史资料编辑委员会编.辽宁文史资料:第1辑[C].沈阳:辽宁人民出版社,1981.

[30] 宁恩承.百年回首[M].沈阳:东北大学出版社,1999.

[31] 舒新城.近代中国留学史、近代中国教育思想史[M].北京:商务印书馆,2014.

[32] 王德滋.南京大学百年史[M].南京:南京大学出版社,2002.

[33] 宁波国际友好联络会编.顾往观来——王正廷自传[M].宁波市侨商会支持出版(内部资料),2012.

[34] 刘长春,赵杰.张学良[M].北京:中央文献出版社,2008.

[35] 陈飞琼.民国外交战[M].北京:团结出版社,2014.

[36] 袁灿兴.北洋军征战史[M].北京:团结出版社,2021.

[37] 汪朝光.中国近代通史：民国的初建(1919—1923)：第六卷[M].南京：江苏人民出版社,2007.

[38] 刘斌.清末民国中小学体育教科书研究[M].长沙：湖南师范大学出版社,2014.

[39] 林小美.民国时期武术运动文选[M].杭州：浙江大学出版社,2012.

[40] 刘丹,赵锋.民国建筑[M].太原：山西教育出版社,2015.

[41] 李海文.中共党史拐点中的人物与事件[M].北京：中国青年出版社,2013.

[42] 卓新平.中国基督教青年会史料汇编(第1辑)[M].北京：宗教文化出版社,2019.

[43] 杨世勇,李靖文.体育界的精英——中国的奥运[M].北京：人民体育出版社,2020.

[44] 国家体育总局编.新中国体育70年[M].北京：人民出版社,2000.

[45] 陈雁飞.新中国体育教师队伍建设与发展之路[M].北京：北京体育大学出版社,2009.

[46] 李静轩.意气风发：新中国体育事业发展与第一届全运会举办[M].长春：吉林出版集团有限责任公司出版,2010.

[47] 夏晓虹.晚清上海片影[M].北京：北京大学出版社,2019.

[48] 库寿龄.上海史(第一卷)[M].朱华,译,上海：上海书店出版社,2020.

[49] 李颖.文献中的百年党史[M].上海：学林出版社,2020.

[50] 刘统.火种：寻找中国复兴之路[M].上海：上海人民出版社,2020.

[51] 库寿龄.上海史(第二卷)[M].朱华,译,上海:上海书店出版社,2020.

[52] 北京紫禁城影业公司.一个人的奥林匹克[M].北京:北京出版社,2008.

[53] 马振犊,陆军.汪伪特工总部76号完全档案[M].北京:金城出版社,2018.

[54] 《上海旧政权建置志》编纂委员会.上海旧政权建置志[M].上海:上海社会科学院出版社,2001.

[55] 《上海军事志》编纂委员会.上海军事志[M].上海:上海社会科学院出版社,1994.

[56] 孙晶岩.五环旗下的中国[M].北京:人民文学出版社,2008.

[57] 忻平.从上海发现历史——现代化进程中的上海人及其社会生活(1927—1937)[M].上海:上海大学出版社,2009.

[58] 《中华吴氏大统宗谱》编纂委员会.中华吴氏大统宗谱(卷二)·源流[M].上海:上海远东出版社,2004.

[59] 上海体育学院.吴蕴瑞全集[C].上海:上海人民出版社,2022.

[60] Jesse Feiring Williams. The principles physical education [M]. 3rd ed. Philadelphia: W. B. Saunders Company, 1938.

[61] Jesse Feiring Williams. The principles physical education [M]. 2nd ed. Philadelphia: W. B. Saunders Company, 1932.

[62] Jesse Feiring Williams. The organization and administration of physical education[M]. New York: Macmillan, 1992.

二、论文

[1] 程平山.《程寤》与周文王、武王受命[J].南开学报(哲学社会科学版),2021(3):154-165.

[2] 陈独秀.青年体育问题[J].新青年,1920,7(2):157.

[3] 梁兆安.记上海青年会体育部(上)[J].上海体育史话,1983(2):32.

[4] 王颢霖.从学科交叉与分化管窥近代中国体育学演进发展[J].体育科学,2015,35(6):3-12+24.

[5] 中华业余运动联合会宣言[J].体育季刊,1922(1):5.

[6] 沈嗣良.中华全国体育协进会略史[J].体育季刊(中华体协版),1935,1(2):177.

[7] 张天白.中国体育协进会筹备成立始末[J].体育文史,1990(6):30-33.

[8] 骆秉全.我国近代体育学科留学研究生教育的发展与史学贡献[J].国家教育行政学院学报,2013(4):66-70.

[9] 刘敏,郭学松,曹莉.中国共产党体育理念的历史演进与创新发展[J].北京体育大学学报,2021,44(11):7-17.

[10] 张细谦.浅析卢梭的自然主义体育思想[J].体育与科学,1998(1):29-32.

[11] 屈杰.近现代中国学校体育思想形成过程中学风问题的反思[J].体育与科学,2005(4):70-72.

[12] 苏竞存.我国近代体育中的自然体育学派[J].体育文史,1983(1):21-26.

[13] 王惠敏,倪军,张宇,等.杜威体育教育价值思想、时代局限及现实镜鉴[J].北京体育大学学报,2018,41(7):93-

101+118.

[14] 吕红芳,边宇.美国"新体育"思想的历史解析与启示[J].体育学刊,2013(2):12.

[15] 刘新兰,林生华.从我国学校体育思想的发展轨迹展望21世纪学校体育[J].西安体育学院学报,1997(4):18-22.

[16] 熊晓正,陈晋章,林登辕.从"土洋"对立到"建设民族本位体育"[J].体育文史,1997(4):13-17.

[17] 周道仁."土洋体育"之争的全球化观照[J].体育学刊,2007(3):46-48.

[18] 体育周报社.体育何分洋土[J].体育周报,1932,1(28):1-3.

[19] 吴蕴瑞.今后之国民体育问题之我见[J].天津体育周报,1932,1(33):2-3.

[20] 杨祥全,杨向东.武术体育思想史简论[J].体育文化导刊,2009(2):92-94+98.

[21] 吴蕴瑞.体育之国界问题[J].国立中央大学教育丛刊,1935,2(2):1-7.

[22] 马廉祯.论现实视角下的近代"土洋体育之争"[J].体育科学,2011,31(2):76-84.

[23] 姜平波."公办民助":国立东南大学教育思想的首创及影响[J].东南大学学报(哲学社会科学版),2021,23(5):117-126+152.

[24] 刘鹏,顾渊彦.国立中央大学体育教育之研究[J].中国体育科技,2008(3):87-91.

[25] 张觉非、方国英.吴蕴瑞与徐悲鸿的友谊[J].体育文史,1983(3):53.

[26] 姚颂平,肖焕禹.身心一统　和谐发展——上海体育学院首任院长吴蕴瑞体育思想论释[J].上海体育学院学报,2005(5):1-5.

[27] 王翠芳,史国生,祝玮东.对民国第五届全运会闭幕式的考证[J].南京体育学院学报(社会科学版),2015,29(6):69-74.

[28] 李星建,李敏.张氏父子与东北大学[J].文史春秋,2013(11):54-58.

[29] 刘萧勇.老校长宁恩承"九·一八"疏散东北大学[J].侨园,2015(6):11.

[30] 陆军,杜连庆.略述张学良将军对祖国体育事业的贡献[J].体育科学,1986(4):6-10+91.

[31] 刘汉明.体育界一代师表吴蕴瑞师业迹纪略[J].上海体育学院学报,1982(4):79-81.

[32] 莫宇林.绿色王国不倦的创业者——记全国政协委员、园林专家吴翼[J].江淮文史,1997(5):67-77.

[33] 吴蕴瑞.体育科学化[J].科学画报,1935(5):1.

[34] 吴蕴瑞.师范学院体育系之缺点与改进[J].国民体育季刊(创刊号),1941(1):36-37.

[35] 陈明辉.传统与近代之间:中华全国体育协进会领导群体研究(1924—1949)[J].华中师范大学学报(人文社会科学版),2019,58(4):124-132.

[36] 吴蕴瑞.国立中央大学体育概况[J].体育杂志,1929(1):113-115.

[37] 黄秀丽.浴火重生[J].质量与标准化,2020(9):10-13.

[38] 韩丹.谈"奥运三问"的历史真相[J].体育与科学学,2015,36(6):48-52+114.

[39] 刘红,栗丽."土洋体育"之争再讨论[J].体育与科学,2013,34(2):42-45.

[40] 陈万妮,李泉.奥林匹克运动在"土洋体育"之争中所起的作用[J].浙江体育科学,2008(2):51-52+76.

[41] 孙葆丽,江秀云.艰难的参与——新中国第一次参加奥运会的曲折经历[J].体育文史,1999(5):47-49.

[42] 李军.上海体育学院学科建设历史分析——基于上海体育学院教师体育学著作[J].内蒙古科技与经济,2012(4):142-144.

[43] 谭华.70年前的一场中国体育发展道路之争[J].体育文化导刊,2005(7):62-65.

[44] 邓星华.方万邦体育思想及其历史功绩[J].体育文史,1998(5):42-44.

[45] 韦庆媛.马约翰体育思想述论[J].福建师范大学学报(哲学社会科学版),2011(3):162-167.

[46] 律海涛,何叙.马约翰体育思想研究[J].南通大学学报(社会科学版),2010,26(6):61-64.

[47] 郭红卫.体育概念研究的应有认识和关键问题[J].成都体育学院学报,2019,45(5):24-26.

[48] 于涛,魏丕勇.体育与健康关系认识中的四个误区[J].成都体育学院学报,2008(3):15-20.

[49] 贾颖华,卢玲.吴蕴瑞体育普及化思想的提出和实践[J].兰台世界,2010(21):27-28.

[50] 王毅,苗苗.吴蕴瑞与"土体育"和"洋体育"之争[J].兰台世界,2014(7):29-30.

[51] 申国卿.中华复兴视角下的近代武术发展[J].武汉体育学院学报,2014,48(9):70-74+89.

[52] 王颢霖.对中国近代体育学术史分期的讨论[J].体育科学,2014,34(10):83-92.

[53] 揣丽华.奉系军阀统治时期的知识分子及其历史作用[J].辽宁师范大学学报,2002(2):95-98.

[54] 吴涛.国立中央大学与民国后期师资培养——以体育系为考察中心[J].高教探索,2020(11):98-105.

[55] 刘琼,颜小燕.近代国立中央大学体育教育考论[J].兰台世界,2015(19):128-129.

[56] 刘瑛,昭质.抗战时期中央大学西迁重庆沙坪坝[J].档案记忆,2017(1):19-22.

[57] 高宝龙,彭杰.科学与人文的和谐——吴蕴瑞体育教育思想之渊源与特质[J].体育与科学,2008(2):92-93+68.

[58] 杨斌,回军,周梓珂.张学良体育思想及其当代启示[J].浙江体育科学,2020,42(4):28-32.

[59] 王炳毅.卓具贡献的女体育活动家高梓[J].江苏地方志,2008(3):42-44.

[60] 杨玉明.清末"庚子赔款"与留美运动述考[J].兰台世界,2013(12):27-28.

[61] 匡淑平."西学东渐"与上海近代体育的嬗变(1843—1949年)[J].体育科研,2016,37(5):18-24.

[62] 王惠敏,倪军,张宇,等.杜威体育教育价值思想、时代局限

及现实镜鉴[J].北京体育大学学报,2018,41(7):93-101+118.

[63] 邵伟德,田法宾,吴维铭,等.卢梭教育理论对我国学校体育发展的影响与启示[J].体育与科学,2013,34(5):35-40.

[64] 王博.麦克乐的体育教育主张及其在中国的体育实践[J].首都体育学院学报,2021,33(5):570-574+580.

[65] 律海涛.麦克乐与民国体育教育[J].体育文化导刊,2014(6):176-179.

[66] 杨崇正.我国的第一部运动生物力学著作——吴蕴瑞的《运动学》[J].体育文史,1983(2):28-29.

[67] 马廉祯.耶西·F·威廉姆斯研究[J].体育文化导刊,2007(1):75-79.

[68] 张敏.中西合璧的晚清上海体育文化[J].档案与史学,1999(3):56-63.

[69] 路云亭.传播的错位:吴蕴瑞个案研究中的三重面相[J].体育与科学,2019,40(01):56-62.

[70] 谢似颜.评大公报七日社评[J].体育周报,1932,1(30):1-3.

[71] 吴蕴瑞.运动选手制与运动总锦标[J].勤奋体育月报,1935,3(1):25.

[72] 陈明辉.中华全国体育协进会与近代社会体育事业(1924—1949)[D].华中师范大学,2017.

[73] 匡淑平.上海近代体育研究(1843—1949)[D].上海体育学院,2011.

三、报刊

[1] 全国体育会议宣言[N].申报,1932-8-22(11).

[2] 全国运动会之反对声,南华体育协会不主参加[N].申报,1924-4-20(14).

[3] 中华体育协会之昨讯开成立会未成改开筹备会[N].申报,1923-10-8(14).

[4] 体育协会在鄂开会之经过为与业余会合并事[N].申报,1924-5-30(10).

[5] 刘力源.吴蕴瑞:以科学之眼,带人们认识真正的体育[N].文汇报,2020-1-23(11).

[6] 吴蕴瑞——从南京走出的中国首位体育教授[N].金陵晚报,2008-5-27(3).

四、文集中的文章

李正鸿,李莹,董认可.一所大学的悲壮抗战故事——"九一八"事变后东北大学抗日救亡运动影像[C]//张氏父子与东北城市现代化建设暨冯庸抗战思想与实践学术研讨会论文集,2018:430-440.

后 记

人们总是从历史人物或是历史事件中总结经验,启迪智慧,这就可以回答为什么人们要了解历史,目的是以史鉴今。当然,历史往往又呈现断代性、选择性、多样性等特征,所以,我们今天看到的历史并非绝对全面,甚至存在历史的缺失或失真。但是,对于历史人物、历史事件总需要有人将其记录下来,讲述一个个年代的故事,这是一项很伟大的工作。

《吴蕴瑞体育思想》是对过去历史的重新梳理和编撰,一方面意在回忆过往的同时,又添加自己的观点和判断,这也恰恰符合以思辨的态度去认知任何事物的规律;另一方面则是在今人追忆历史的过程中,对那些值得尊重和敬佩之人的一种缅怀和纪念。

本书不仅记述了吴蕴瑞的一生经历,又辩证地讲述了近代中国体育发展的进程。吴蕴瑞先生的一生,可以用诸多第一来总结。他生于1892年,卒于1976年。他是中华全国体育协进会第一批创办成员;全国第一名获得体育科官费赴美留学名额的体育高才生;国立中央大学体育系科第一任主任;东北大学体育系教授;推动中国奥运会进程的执炬者;新中国当选中华全国体育总会副主席；新中国第一所体育高等学府首任校长。可见，吴蕴瑞的一生历经近代中国的三个重要时期，从清末的教育变革到民国的民族意识觉醒，又见证了新中国的诞生，步入一个全新的世界。他在近代中国的风雨飘摇中成长和进步，全心投入近代中国的体育事业中，成为中国体育教育的奠基人之一，他的体育思想至今福泽后人。

同时，本书又从历史的视角对吴蕴瑞先生的体育思想从启蒙、形成、成熟到播扬的过程进行探讨，避免主观的人物颂赞，而是以吴蕴瑞先生的生平和贡献作为切入口，客观地洞见近代中国体育的发展历程。

本书的创作源于2020年初春时节，当时正值新冠肺炎疫情防控关键期，"禁足"在家，白天线上教学，夜晚品书冥想，决心创作此书。笔者在撰写之前，困难重重。最主要的方面是搜寻文献史料中的线索，这是一项庞大的工程，耗费将近一年半的时间，通读中国近代史、近代中国体育史、体育思想史、吴蕴瑞先生存世的著书立说和大量的人物传记，从中去挖掘、析出和整理成星星点点的片段，又从大量学者的期刊论文中总结重要的观点和内容，再将其按照逻辑线条勾连在一起，经过反复推敲，形成一个过去时空中相对完整的社会图景。

不仅如此，本书撰述期间还做了大量的采访和采风，采访诸位吴蕴瑞先生的后人，更深入地掌握吴氏家族的情况和后人对其追忆，建立共情，形成思辨内容，最终集结成《吴蕴瑞体育思想》。在此，我要特别感谢吴承顺、孙静远、张欢、吴文、吴大章、吴大维、吴大蔚、吴谦、吴玉桦、吴越、吴强、张静华、张心怡等吴氏家族成员的支持和贡献，也要感谢江阴市峭岐实验小学吴刘芳校长、金卫洪主任为该书撰写提供部分史料!

还要感谢上海体育大学的诸位领导对本书的大力支持,感谢吴蕴瑞先生的家属为本书提供的珍贵照片!感谢工作上业师的悉心指导!感谢同事的意见分享!感谢致力于中国近代体育史和吴蕴瑞体育思想研究的各位学界前辈,向你们表达由衷的敬意!正是学术前辈的智慧分享,才能成就后人领会创新之道,虽然我尽力在书稿中标注所引用文献,但难免还会有所疏忽,更何况前辈们的思想和智慧启迪无法用标注就可以替代。

总之,本书的撰写具有历史意义和现实意义。从历史意义来看,本书开拓了全面认知吴蕴瑞体育思想的一个新阶段。本书是从吴蕴瑞先生所生活的时代背景和社会环境中去了解近代中国体育发展的艰辛和苦难,以至于迎接新世界的明天,让读者充分感受动荡岁月中,以吴蕴瑞先生为代表的体育教育家,致力于中国体育事业发展的进步人士以及肩负民族大义与家国情怀的体育人自强不息、顽强奋斗的精神品质。他们面对中国传统体育与西方现代体育的糅合、嬗变发展,勇敢地冲破历史迷障、民族主义迷思,不断地以起跑者的姿态接续中国体育发展的道路。从现实意义来看,本书让读者更为深刻地认识体育是一个社会化产物,有什么样的社会,就有什么样的体育环境,体育育人与国家命运息息相关。2022年中国北京成功举办冬奥会,北京成为世界上唯一的"双奥"之城,完美地回答了百年前提出的"奥运三问",中国人的"体育强国梦"在逐渐实现,全民实践"健康中国"的愿景已在路上。

同时,本书经过3年"磨砺",也成就了电影文学剧本《起跑者》的即将问世。《起跑者》的创作可视为文学与影视的结合,学术与艺术的碰撞,描绘了历史的长空,还原了曾经的社会图景,这又是一个有意义的创新。2023年,上海体育学院更名为上海体育大学,既为之前的开创者作出了一个精彩的总结,也为后辈的执炬者增添了踔厉奋进的新动力。在这个值得历史铭记的重要时间节点,《吴蕴瑞体育思想》的出版恰逢其时,既表达了对吴蕴瑞先生的崇敬,又追忆了上海体育大学70多年的风雨历程,这是宣告上海体育大学踏上时代新征程的行动信念。

最后,希望此书可以让更多人了解体育、走进体育、热爱体育。将体育思想视为一股推动体育强国和"健康中国"建设的精神凝聚,加速推动中国式现代化中国梦的实现!

崔　莹

2022年9月2日于上海

图书在版编目(CIP)数据

吴蕴瑞体育思想/崔莹著. —上海:复旦大学出版社,2024.1
ISBN 978-7-309-16890-7

Ⅰ.①吴… Ⅱ.①崔… Ⅲ.①吴蕴瑞-体育理论-思想评论 Ⅳ.①G80

中国国家版本馆 CIP 数据核字(2023)第 114112 号

吴蕴瑞体育思想
Wu Yunrui Tiyu Sixiang
崔 莹 著
责任编辑/朱 枫

复旦大学出版社有限公司出版发行
上海市国权路 579 号 邮编:200433
网址:fupnet@fudanpress.com http://www.fudanpress.com
门市零售:86-21-65102580 团体订购:86-21-65104505
出版部电话:86-21-65642845
上海四维数字图文有限公司

开本 850 毫米×1168 毫米 1/32 印张 8.125 字数 176 千字
2024 年 1 月第 1 版
2024 年 1 月第 1 版第 1 次印刷

ISBN 978-7-309-16890-7/G·2500
定价:56.00 元

如有印装质量问题,请向复旦大学出版社有限公司出版部调换。
版权所有 侵权必究